千百年眼

[明] 張燧 撰

拾瑤叢書

上册

文物出版社

圖書在版編目（CIP）數據

千百年眼 / (明) 張燧撰. -- 北京 : 文物出版社, 2020.7
（拾瑶叢書 / 鄧占平主編）
ISBN 978-7-5010-6448-9

Ⅰ. ①千… Ⅱ. ①張… Ⅲ. ①中國歷史 - 古代史 - 研究 Ⅳ. ①K220.7

中國版本圖書館CIP數據核字(2019)第275263號

千百年眼 〔明〕張燧 撰

主　　編：鄧占平
策　　劃：尚論聰　楊麗麗
責任編輯：李縉雲　劉良函
責任印製：張　麗

出版發行：文物出版社
社　　址：北京市東直門内北小街2號樓
郵　　編：100007
網　　址：http://www.wenwu.com
郵　　箱：web@wenwu.com
經　　銷：新華書店
印　　刷：藝堂印刷（天津）有限公司
開　　本：710mm × 1000mm　1/16
印　　張：51.25
版　　次：2020年7月第1版
印　　次：2020年7月第1次印刷
書　　號：ISBN 978-7-5010-6448-9
定　　價：300.00圓（全二册）

前言

《千百年眼》十二卷，明張燧撰。明萬曆刻本。半頁八行，行十九字，四周單邊，白口，單魚尾。

張燧，字和仲，明湖南長沙府湘潭縣（今湖南湘潭）人，約生於萬曆初年。明朝滅亡前夕，張燧東渡日本，後客死日本，國内對其記載寥寥。著有《千百年眼》《未見編》《經世挈要》等。其書房稱『稽古堂』。

《千百年眼》爲張燧早年所撰的一部讀書札記，内容由上古至明代，屬於通史性史論著作。其内容一是史事考辨，二是史事論述，三是歸納歷史現象。書中所列條目，觀點十分鮮明。對李贄、楊慎、蘇軾、蘇轍、張大齡等之論采摘頗多。盡管該書内容多源自他人著述，但并非機械眷抄或隨意取材，而是在前人基礎上有思考地抄録、編纂，不僅追求知識的廣博，更注重獨有見地。王夫之謂『當時詞人，恃此爲稗販之具』；俞樾認爲《千百年眼》『網羅散失，淵博精詳，因考據行其議論，遠可追知幾《史通》，近之則趙氏之《札記》，王氏之《商權》也』。

此《千百年眼》共十二卷，五百一十二條札記，每卷條目不一，目録中詳列十二卷之標題及每卷所含條目數。題『瀟湘張燧和仲纂，檇李范明泰長康閲』；『瀟湘張燧和仲纂，宛陵唐一澄君湜閲』；『瀟湘張燧和仲纂，長洲陳元素古白閲』等。本書前有萬曆四十二年（一六一四）鄒元標作序，述『張君和仲拮据此書，可謂鈎賾索隱，起古人相與論辯，亦必心服』。又有萬曆四十二年張燧自序，述古人豪杰之眼、文人之眼、俗儒之眼之异，而『余才不逮人，獨於文字之好似有宿緣，括帖之暇，得屬意經史百家，旁及二氏與夫稗官小説、家乘野語，不揣荒陋，謬以是意，提衡其間。瞥見可喜可悦可驚可怪之語，俗儒所不敢道與文人之所不能道，目注神傾，輒手録之，積久成帙，名曰千百年眼。上下幾千年豪杰之恢張擘畫、議論文章，一開卷而瞭然』。鄒序末鈐『爾瞻父』『明鄒子』，張自序末鈐『張燧之印』『稽古堂』。

張燧《千百年眼》一書最早刊於萬曆四十二年，係稽古堂刻本。清代乾隆年間，《千百年眼》被列爲禁毁書目，但并未影響其流傳。光緒年間至民國均有較多刊刻，如光緒二十五年

（一八九九）龔氏石印本，又如民國三年（一九一四）孟秋蔚成公司代印張燧著《經史千百年眼》十二卷。亦有和刻本如日本明和四年（一七六七）擴充堂刻本流傳。中國國家圖書館、上海圖書館、哈佛大學燕京圖書館等均藏有該書明萬曆刻本。

中國國家圖書館　潘菲

二〇一九年十二月

千百年眼小序

世有千百年眼其人乎非眯目阿堵則泥首典籍作蠹魚耳眯於利者無足論即迷于典籍者多從耳根入而經前

人舌餘即以為定案而古人言
語古人心神有人理語實而
發有口易而心實難有跡象可
心是者非有千百手腕次誰
腕下上而剖其隱微勝至源

委張君和仲拮据此書可謂
鉤賾索隱超古人相為語亦
亦必心狀雖拙遜程為千百手
暗則未交目之所貴者清靈
矣金雖貴也著目則翳古有

天眼道眼慧眼法眼超乎形
體而不以一切之語文字教和
珅然窮無窮極無極有不以
歷數盡者超天地而獨存也
和珅嚴之對生於明休和珅

何好奇秋星閒話〻知〻未伴進
未可畏予於是云題之
萬曆甲寅吉水臞農鄒元標
書

小引

顧長康畫人或數年不點目睛人問其故顧曰四體妍媸本無關於妙處傳神寫照政在阿堵中每讀

此語未嘗不冷然會心人生墮地
来手提趾行口飲鼻嗅各以其
漸獨是眼也雙瞳之微睨之不
能一彈指而神光所矚隨地甚遠

只此便是千古精靈不容泯滅所在
厚乎人者莫良於眸子子輿氏之
言豈不信哉余嘗曰是而極論
之古來豪傑有豪傑之眼文人

有文人之眼俗儒有俗儒之眼凡自己出而縱筆所如隨手萬變無所規摹亦無不破的使後世觀者如冷水澆背陡然一驚雖能卷議

其非央不發掃除其說此之語豪傑之眼文人若流矜潑於辭藝標鮮於末鋒法法聰明萬世而已為論也逕踈無留雖雕繪滿眼而精神

意緒曾不足以供醒脾之用此之謂
文人之眼若夫俗儒則異是矣目
中非真有一眼不可磨滅之見影
響勦襲滿紙、絃然、摹聖賢富

有可新之資從為拘儒累紅樓八
折之用致令覽者未盡先厭如此
真謂之無眼可也余于不逮人獨
於文字之好似有宿緣括帖之暇

得屬意經史百家旁及二氏與夫稗官小説家乘野諺不揣荒陋謬以是凡提衡其間瞥見可喜可悦可驚可恠之語俗儒所不敢道與

文人之所不能道目注神傾輒手錄

之積久成帙前回千百年眼上下

幾千年豪傑之恢張擘畫議論

文章一開卷而瞭然向之所謂不

容泯滅之精霙銷沉盡耗於魚腹
者各昭揭一新則康叟竊附於
長康之遺意乎亦一快也雖然亦
聊以志余癖耳微風度簾香雪

噴戸目倦眼之偶閒手一編而丹鉛挑削之余時何知其為羲皇為三代又遑計其當與否也若向明眼人摹似揔成寐語況眯目而道

玄黃秉一而廢百者耶目睫之喻

余不佞其焉敢辭矣

萬曆甲寅孟秋既望張燧書於

稽古堂

千百年眼標目

卷一 凡二十八則

卷二 凡四十則

南雅頌無優劣

二雅當以體別

詩序不可廢

歌詩與作詩不同

春秋逸詩書

詩小雅雨無解

不日成之

管仲知鮑叔尤深

廢井田自管仲

風馬牛不相及

尾大不掉

左氏貶荀息

晉文公知大計

秦繆公學於宁人

秦霸不由孟明

秦三良之殉不由繆公

趙盾弑君報

董狐疑詞

膠舟之報

楚子問鼎

楚之不競

季子之賢有定論

論語出閔子門人手

老彭即老聃

卷三　凡四十五則

子夏易說

儒者說春秋之失

孔子不言樂

三禮之乖異

魯郊禘不出成王之賜

春秋葬不擇時

莊周未能忘情

孟子非受業子思

孟子性善無定論

孟子權衡失準

曾孟稱孔子

夫子賢於堯舜

螬可療目

孟子不行三年喪

孟子闢楊墨

孟子言善詩

吳亡不係西施
西施不隨范蠡
大赦始於春秋
蘇代爲燕昭間齊
樂毅田單兩賢相厄
樂毅去就無歉
田單用疑
商鞅善托其君

商鞅徙言令便者

虞卿復相趙

仲連使秦不終帝

楊龜山誤貶藺相如

救閼與非奢不可

平原君所失不獨毛遂

范雎蔡澤倜儻

應侯用蔡澤

古文多譬況

讀書句讀

古書之僞

秦之所以帝

秦法棄灰有故

秦不絕儒生與經籍

秦火後遺書

坑儒考

秦世文章

黔首之稱不自秦始

九鼎不爲秦用

長城不自始皇

立扶蘇無救於亡秦

秦亡不由兵虐

章邯未可輕

天亡秦

陳涉秦氏之湯武

范增智不如兒女子

項氏之憂不在沛公

楯不足憑

高帝入關有天幸

高祖爲義帝發喪

漢王未嘗顛倒豪傑

高祖酧貴遺轅生

漢高祖尊母不尊父

高祖賜姓之陋

虞美人戚姬

漢初封計戶口

高祖竟王劉濞

呂后邪謀在暮年

平勃未可議

四皓賜碑

宣室不宜名齋殿

趙蓋韓楊之寃不由廷尉

李廣無長者風

文帝不能用李廣

文帝復行族誅之法

短喪不自文帝

七國緩削則不反

袁盎幸免

卜式不習文章

田千秋之賢

漢武憐才

司馬相如美人賦

視草之義

董仲舒忠質文之說甚謬

太史公權衡

史遷文章賓主

西漢文章之陋

漢用吏胥之效

趙充國屯田是計

陳湯之功不當以矯制廢

二疏之去以許伯

言災異不當著事應

歆向廢圖譜之學

圖譜之益

方望賢於范增

高光二帝不可優劣

子陵不仕有深意

客星爲災

伏波未是烈士

漢書眞本

班椽史妙

楊王孫文翁史失其名

漢書缺典
程伊川論班馬
明帝前已有佛典
漢選法之善
漢鄉亭之重
陳蕃懸榻
李膺已甚
景毅恥不與黨錮

清談始於漢末

蔡中郎秘論衡

蔡邕有後

漢末史傳屈筆

孔文舉關係

劉表工書

曹操不復姓

曹操疑塚

曹操諷漢復九州

孫權之劣

昭烈先聲

借荆州所以保吳

荆蜀形勢

取劉璋不係孔明

昭烈遺命之非

梁父吟譏晏子

漢祚之長
高貴鄉公文學
李密陳情表訛字
阮籍巧附司馬昭
晉室久亂
晉武以不廢立致亂
晉史矛盾
惠帝廢儲

卷七 凡四十七則

蘭亭未可議

張翰蓴鱸

劉琨負其母

阿堵

英雄自相服

孟嘉論樂非是

漢晉賜金帛各有所盛

陶淵明不欲諸子仕宋

中庸自晋已孤行

不識一丁

王猛死不忘晋

苻堅拙于用多

苻秦之亡不由慕容垂

崔浩受禍不由作史

金主不可同價

梁武殺業

沈約韻書之謬

劉知幾無史才

隋氏富庶

隋文帝濫殺

隋煬帝毀讖

唐高祖殺降

唐世女禍

唐封建之善

太宗縱因有所儆

尉遲公隱德

長孫無忌褚遂良有死道

李勣一言之禍

狄仁傑不發易之昌宗

閻立本知狄仁傑

徐有功難于皋陶

駱賓王四子受譏

卷八 凡三十七則

周易擧正

古人言易不及周公

陸秉大衍數解

李太白深心

阿房賦蹈襲

唐詩之盛不關選擧

肅宗靈武之擧非篡

李杜始末考

唐宋逸詩賦

李泌相業

陸贄忌才

德宗不能餌懷光

盧杞愧其子

唐宦官之禍

退之淮西碑失實

藩鎮之弊

白樂天行藏

昌黎史禍

韓昌黎晚信佛老

李虛中子平

王叔文之冤

八司馬伸氣

牛李有同惡

卷九 凡四十六則

鄭綮辭相

唐科目不足憑

崔樞白馬之禍不足惜

王朴異才

韓熙載晦于聲色

吳越改元之証

徐鍇徵猫事非實

板本之始

希夷易說

宋儒教之盛昉于趙普

燭影斧聲

趙普遺禍

盧多遜愧其父

种放之隱由母

郭忠恕清節

晋唐不通字學

楚王元佐自廢

天書之興倣遼俗

古章奏皆手書

梁灝謝啟之譌

寇準天書由王旦

王欽若遺善

丁謂長者言

寇萊公奢儉不同

夏竦不值一文

夏竦剖棺之報

龐籍隱德

韓范事業

麥舟非范希文父子所難

范仲淹先見

韓范不識奇士

新舊唐書優劣

朱溫不宜入正統

五代史韓通無傳

五代史不公

宋時史氏顯達

曾子固詩才

雷簡夫知蘇明允

溫公體貼人情

溫公行已之度

卷十凡四十二則

青苗之害

元祐諸賢無定見

畢仲游格言

介甫裁抑宗室

介甫廢禮經

經義取士之弊

宋樂屢變無成

王介甫冥貶

章惇有功於長沙

章惇雷州之報

李泰伯非不喜孟子

張商英無佛論

教王之號不祥

宋禮儒臣

童貫爲眞太師

蔡京奸狀

宋南渡兵餉所出

岳飛文章

秦檜爲金人作間

秦檜以悍婦絶後

秦檜身後之報

王安石流禍與秦檜等

張浚忌殺曲端

張浚遺誅

卷十一　凡三十四則

綱目之誤

帝在房州之謬

朱陸異同

吾儒異端

夾雜道學

儒語似佛

佛語通儒

佛典輔儒教而行

宋興亡相類

宋元亡徵

宋仁厚立國之報

張千載高誼

劉辰翁節行

鴈足書

許衡有江漢之思

元世弊政

卷十二　凡四十八則

革除死難之多

陳瑛重遜國諸臣之毒

方孝孺有後

國朝名臣久任

國朝相業

西楊薦賢

絲綸簿

翰林不肯撰元宵致詞

項襄毅受誣

王威寧御士

王靖遠武畧

王振老僕

于忠肅捍土木之變

楊善迎鑾之功

龔遂榮定迎鑾之禮

逹官朶耳

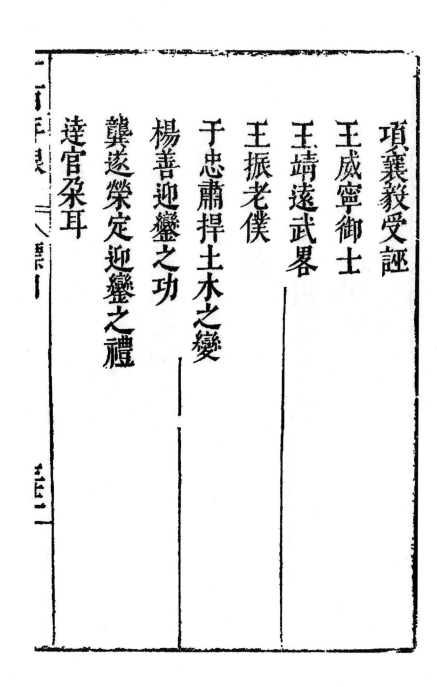

倭漆匪

劉惠宣事業

文正保全善類之功

康海負屈

錦衣衛之横

楊介甫父子相業文章

陽明爲理學中興

國朝三大功

王晉溪議陽明
盜賊有同惡
梁文康却秦藩請邊地
永陵議禮是非
林丘山史筆之重
經筵面奏
我朝勝前代二十二事
國朝樂律不講

千百年眼標目終

千百年眼卷第一

瀟湘張　燧和仲纂

檇李范明泰長康閱

○○上古文籍

泰山封禪文字萬家周有外史專掌三皇五帝之書則古人文籍不必盡臧今時顧世類弗傳者良由洪荒始判楮墨未遑重以祖龍烈焰煨燼之中僅存如綫漢世諸儒稍加綴拾劉氏七略遂至三

萬餘卷考諸班氏秇文西京製作纔十二三耳世以皋夔稷契何書可讀然乎否耶

○古史之謬

譙周古史考以炎帝與神農各爲一人羅泌路史以軒轅與黃帝非是一帝史皇與蒼頡乃一君一臣共工氏或以爲帝或以爲伯而不王祝融氏或以爲臣或以爲火德之王楊朱云三皇之事若存若亡五帝之事若覺若夢三王之事或隱或顯億

不識一當身之事或見或聞萬不識一目前之事或存或廢千不識一至哉言乎

○○四岳爲一人

孔平仲以四岳爲一人通爲二十二人之數此說甚妙漢書三公一人爲三老次卿一人爲五更注云五更知五行者安知四岳非知四方者乎書内有百揆四岳以四岳爲四人則百揆亦須百人矣今翰林有五經博士欽天監有五官挈壺亦只一

人益信孔平仲之言矣

○○堯不誅四凶

史記本紀舜歸而言于帝請流共工于幽陵以變北狄放驩兜于崇山以變南蠻遷三苗于三危以變西戎殛鯀于羽山以變東夷太史公多見先秦古書故其言時有可考自漢以來儒者失之四族者若皆窮姦極惡則必見誅于堯之世不待舜而後誅明矣屈原有云鯀倖直以忘身則鯀蓋剛而

犯者耳使四族者誠皆小人也安能用之以變四夷之俗哉由此觀之四族未嘗誅死亦不廢棄但遷之遠方為要荒之君耳如左氏所言皆後世流傳之過若堯之世有大姦在朝而不能去則堯不足為堯矣

○許由讓天下非難

堯禪天下於許由許由不受天下後世皆高之陳眉公有云當堯之時盡大地是洪水盡大地是獸

蹄鳥跡，禹荒度八年，水乘舟，陸乘車，泥乘輴，山乘樏，方得水土漸平，教民稼穡。此時百姓甚苦，換鮮食、艱食、粒食三番境界，畧有生理。蓋洪荒天地，只好儘力生出幾箇聖人，不及鋪張粧點，粗具得一片乾坤草稿而已，何曾有受用處？茅茨不剪，樸角不斲，素題不枅，大路不畫，越席不緣，太羹不和，鉶簋之食，聊以充饑；鹿裘之衣，聊以禦寒。不惟無享天下之樂，而且有叢天下之憂，堯黧舜黑，固其宜

耶許由亦何所艷羨而受之也哉嗟乎今之天下濃濃則誨盜古之天下淡淡則拱手以與人而人不納老氏有云不見可欲使心不亂其許由之謂乎

東君憲曰此論甚新但堯時洪水爲害致天子麤衣惡食許由一荒山匹夫其所受用又可知也今之田畯家隻鷄斗黍便起爭攘何曾有濃艷可羨得來千乘可讓簞豆動色人之賦性殊

哉巢許之辭總是一邊之見然亦不可強也、

巢許非曠士

王維云古之高者曰許由挂瓢巢父洗耳耳非駐聲之地聲非染耳之跡惡外者垢內病物者自戕此尚不能至于曠士豈入道之門也、

帝堯善愛其子

堯不以天下與丹朱而與舜世皆謂聖人至公無我竊謂帝堯此舉固所以愛天下尤所以愛丹朱

也與時雲行雨施萬國咸寧虞賓在位同其福慶其所以貽丹朱者至矣若使其以傲虐之資輕居臣民之上則毒痡四海不有南巢之放必有牧野之誅尚得爲愛之乎曾子曰君子愛人以德龐德公曰吾遺子孫以安堯之於子亦若是則已矣

○瞽象殺舜之由

虞氏自幕故有國至瞽叟亦無違命則麤能守其國者也其欲殺舜蓋欲廢嫡立幼而象之欲殺其

兒亦欲奪嫡故爾不然豈以匹夫之微愛憎之故而遽殺人哉然則舜固有國之嫡而乃為耕稼陶漁之事何居或者見逐於父母故勞役之或避世嫡不敢居而自歸於田漁耳故雜書有謂舜見嚚之苦惡而陶河濱見時之貴糴而販負夏孔子曰耕漁陶販非舜事也而往為之以救敗耳此說雖出雜書實得聖人之意蓋象之欲殺舜在初年之間而堯之舉舜則在其克諧之後史記反覆重出

而莫之辯固也然孟子當時亦不辯萬章之失何也蓋孟子不在於辯世俗傳訛之跡而在於發明聖人處變之心則其事跡之前後有無固不必拘拘也

○納于大麓非山麓

孔叢子云宰我問書云納于大麓烈風雷雨弗迷何謂也孔子曰此言人之應乎天也堯既得舜歷試諸難使大錄萬機之政是故陰淸陽和五星來備

風雨各以其應不有迷錯愆伏明舜之行合于天也此說與注疏合意古相傳如此今以大麓爲山麓是堯納舜于荒險之地而以狂風霹靂試其命何異於茅山道士之闢法哉

○象刑辨

舜典曰象以典刑皐陶曰方施象刑惟明是唐虞固有象刑矣而去古既遠說者不一荀況記時之人語曰象刑墨黥慅嬰共艾畢菲對屨殺赭衣不

不純也漢文帝詔除肉刑曰有虞氏畫衣冠異章服以爲戮而民不犯此此二說者皆謂傳也禹之稱舜曰與其殺不辜寧失不經又曰怙終賊刑刑故無小是豈嘗不殺不刑哉荀況有云以爲治耶則人罔莫觸罪非獨不用肉刑亦不用象刑矣人或觸罪矣而直輕其刑是殺人者不死傷人者不刑也數語雖堯舜復出無以易也然則象刑云者是必模寫用刑物象以明示民使知愧畏耳禹鑄鼎

象物使民知姦回亦此意

○○舜葬蒼梧考

世傳舜葬於蒼梧此說可疑或者曰舜既禪位於禹何緣復自巡狩至於南蠻之地且葬于此後人以書有陟方乃死一語傅會之耳陟方即升遐上仙之異名然既曰陟方又曰乃死亦贅孟子不云舜卒於鳴條乎此一大證佐也按湯與桀戰於鳴條則去中原不遠家語五帝德篇曰舜陟方岳死

於蒼梧之野而葬焉何孟春註云陳留縣平丘有鳴條亭海州東海縣有蒼梧山去鳴條不遠乃知所謂蒼梧非九疑之蒼梧也以家語方岳言之書或遺岳字其說足袪千古之惑

○禹貢爲古今地理之祖

禹貢一書作於虞夏之際乃千百年談地理者卒莫能外也是故大賢如孟子其論洪水曰決汝漢排淮泗而注之江是江有通淮之道矣及考之禹

貢則曰沿于江海達于淮泗是江未嘗有達淮之理蓋吳王夫差掘溝以通于晉而江始有達淮之道孟子蓋指夫差所掘之溝以爲禹跡也明矣傳洽如史遷其作河渠書曰斯爲二渠復禹舊跡是以二渠出于禹者也及攷之禹跡河自龍門至于大陸皆爲一流至秦河決魏都始有二流于長蓋誤指秦時所決之渠以爲禹跡也明矣吁禹貢之書不過數千言耳古今言地理之牴牾莫不於此

聯貫焉後此者其可舍之而不爲依據乎夫禹貢所以不可及者何神聖之擘畫原非後儒所能彷彿且也州不係於方域而係之山川所以千古如一日而莫之能遷也

○帝賚良弼

傅說事世咸疑之以爲夢而得賢可也或否焉亦將立相之與且天下之貌相似亦多矣使外象而内否亦將寄以鹽梅舟楫之任與審如是則叔孫

之夢堅牛，漢文之夢鄧通，卒爲身名之累，夢果可憑歟？或者又云武丁嘗遯于荒野而後即位，彼在民間已知說之賢矣，一旦欲舉而加之臣民之上，人未必帖然以聽也，故徵之於夢焉。且商俗信鬼，因民之所信而導之，是賢人所以成務之幾也。此說辨矣，而亦非。蓋所云夢賚者，實帝感其恭默之誠而賚之也。其性情治者，其夢寐不亂，乃可以孔子夢周公同觀。鄭文夢鹿而得眞鹿，心誠於得鹿

者尚可以得況誠於求賢而有不得者乎、

○○伊尹放君之誤

陳越石云商甲不惠於天下其臣放之後能改過復歸于亳善矣不可以爲法如日蝕不吐河清難俟中原之鹿將軼時乘之龍待駕于臣之業何如又況乎體非金石而冒霧露如懷失國之謗以損其身則弑君之謗消無日矣殷之君臣亦幸而成耳噫湜湜接踵羿羿比肩後之爲人臣者其始也

未嘗不伊不周其終也未嘗不羿不浞皆取伊周以爲蒿矢也越若此論似矣尚未深考援孫季昭示兒編云書所載伊尹放太甲于桐放當作教以其篆文相近故譌爾其論甚偉可息紛紛之疑句曲外史張天雨取其說書于伊尹古像之後

○微子不奔周

微子左牽羊右把茅皆必無之事肉袒面縛蓋出左氏之誣也史曰微子抱祭器而入周既入周矣

又豈待周師至而後面縛乎況武王伐紂非伐微子則面縛銜璧當在武庚亦非微子事也即抱器入周亦必無之事劉敞曰古者同姓雖危不去國微子紂庶兄也何入周之有論語云去之者去紂都而遯於荒野也一時武王釋箕子之囚封比干之墓而獨不及微子以微子遯野未之獲也迨武庚再叛卒於就戮始求微子以代殷後而微子於此義始不可辭耳前日奔周之說毋乃踈謬已乎

○夷齊辨

論語爲衛千駟二章孔子所以稱夷齊者事無始末莫知其何所指雖有大儒先生亦不得不取證於史記蓋孔子之後尚論古人無如孟子孟子止言伯夷不及叔齊其於伯夷也大槩稱其制行之清而於孔子此二章之意亦未有所發惟史記後孔孟而作成書備而記事富如子貢夷齊何人之問孔子求仁得仁之對倘不得史記以知二子嘗

行遜國俱逃之事則夫子不爲衛君之微意子貢雖知之後世學者何從而知之也然遷好奇而輕信反滋來者無窮之惑論語稱伯夷叔齊餓于首陽之下未嘗言其以餓而死也而史遷何自知之餓者豈必皆至於死乎且首陽之隱未見其必在武王之世安知其不以逃國之時至首陽也孤竹小國莫知的在何所而首陽在河東之蒲坂講之唐風曰采苓采苓首陽之顛采苦采苦首陽之下

哉者卽此首陽蓋晉地也夷齊遜國倉卒而行掩人之所不知固宜無所得食然亦不必久居於此惟其遜國俱遜事大卓絕故後世稱之指其所嘗棲止之地曰此仁賢之跡也夫是首陽之傳久而不泯何必曰死於此山而後見稱邪論語此章本自明白於景公言死而於首陽不言死況其所以深取夷齊者但指其辭國一節而意自足若曰夫子取其不食周粟以餓而死則此章本文之所無

也若諫伐一事尤爲舛繆使果有之夷齊當諫於未舉事之初不當俟其戎車既駕而後出奇駭衆於道路也太公與巳均爲大老出處素與之同不於今日白首如新方勞其匆匆扶去於鋒刃將及之中也乃紀傳摹寫二子冒昧至前太公營救之狀殆如狂夫出鬬群小號呶而迂怪儒生姓名莫辨攘臂其閒陳說勸止嗟乎殆哉其得免於死傷也稍有識者所不爲謂夷齊爲之乎遷于史記才

有一字之增而遂與論語略無一字之合使果如是采薇一歌足發明武未盡善而孔則删之食粟之恥有大於不聽惡聲而孟則置之揆之事理胡刺繆也然則遷豈無所據乎曰遷自言之矣所謂予悲伯夷之志睹逸詩可異焉者此遷之所據乃一傳之病源也逸詩者西山采薇之章也夫古詩稱采草木蔬茹于山者甚多豈皆有所感憤而不食人粟者乎且詩言西山不言首陽不嘗以附會

論語之所云也是此詩誤遷而遷誤後世也

○商之後獨盛於夏周

舜典所稱伯禹以下二十有二人而禹之功最大故踵舜以興身有天下矣稷養契教功亦不在禹下而於天下未能身有之惟子孫始繼世光大焉稷之後爲成周天地文明萃於一代契之後亦數生聖賢而商之賢君比夏與周又最多者何也開闢以來未有性命之說至湯始言降衷恒性也其

萬世道學之祖乎故不獨能身有天下即其後王若太戊盤庚武丁皆能著書立言雖凌遲之末猶有三仁焉微子宜有商而避之弗父何宜有宋而又避之至孔父嘉乃别爲公族而受氏五世之後復生聖人爲萬世帝王之師是二十二人之中契之明德豈夏與周所能及乎

○太王未嘗翦商

太王翦商之説不知何據夫太王遷岐在商帝乙

之世商家中興又五十九年後二百有六年商始亡太王安從翦之乎已猶崎嶇避狄而謀及商之天下人情乎以文王當紂之時尚自難王泰伯安得遂有天下耶議者乃謂太王有是心泰伯不從遂逖荆蠻嗚呼是何重誣古人也按說文引詩作實始戩商解云福也蓋謂太王始受福於商而大其國爾不知後世何以改戩作翦且說文别有翦字解云滅也以事言之太王何嘗滅商乎改此者

必漢儒以口相授音同而訛耳許氏曾見古篆文當得其實但知剪之爲戩則紛紛者自息若作翦雖滄海之辨不能洗千古之惑矣

○○武王追王明文

唐梁肅宋歐陽公游定夫皆有文王未嘗稱王之論然不過以語孟及泰誓武成之文與齊虞芮仲連曹操之事冥探曲證彷彿比擬卒無武王追王之明文雖蘇張口舌人誰適從愚讀太史公伯夷

傳有曰西伯卒武王載木主號爲文王東伐紂此非武王追王之明文乎古稱馬遷良史其文核其事實執此則諸公論說可以盡廢千古以來覽者俱未之及何哉

○金縢非古書

讀書至金縢反覆詳究疑其非古書也夫周公面卻二公穆卜以爲未可戚我先王矣乃私告三王自以爲功此憸人佞子之所爲也而謂周公爲之

乎且滋後世刲股醼天之俗其冊祝有曰今我卽命于元龜爾其許我我其以璧與珪歸俟爾命爾不許我我乃屏璧與珪夫人子有事于先王而請以珪璧要之乎又曰公歸乃納冊于金縢之匱中蓋卜冊之書藏于宗廟啓之則必王與大夫皆弁旣曰周公别爲壇墠則不於宗廟之中明矣不於宗廟乃私告也周公人臣也何得以私告之冊而藏于宗廟金縢之匱又私啓之也又曰王與大夫

盡弁以啓金縢之書乃得周公所自爲代武王之説夫武王疾瘳四年而崩周公居東二年而歸凡六年之久周人尚卜惑有朝廷六年無事而不啓金縢之匱至今乃啓之耶即此五事反覆詳究是編非古書也必矣

○三監武庚之畔不同情

三叔武庚之叛同於叛而不同於情武庚之叛意在於復商三叔之叛意在於得周也至於奄之叛

意不過於助商而淮夷之叛則外乘應商之聲內撼周公之子其意又在於得魯三叔非武庚不足以動衆武庚非三叔不足以間周公淮夷非乘此聲勢又不能以得魯此所以相挺而起同歸於亂周也抑當是時亂周之禍亦烈矣武庚挾殷畿之頑民而三監又各挾其國之衆東至於奄南及于淮夷徐戎自秦漢之勢言之所謂山東大抵皆反者也其他封國雖多然新造之邦不足以禦之故

邦君御事有艱大之說有民不靜亦惟在王宮邦君室之說則一時孔急之勢可知已象之欲殺舜止於亂家故舜得以全之管叔之欲殺周公至於亂國故成王得以誅之周公不得以全之也使管叔而不誅則凡爲王懿親者皆可以亂天下而無死也豈治世所宜有哉

○湯武不可並言

商之取夏周之取商一也湯崩而太甲不明甚於

成王之幼沖然夏人帖然未嘗萌蠢動之心及武王既喪商人不靖觀鴟鴞小毖之詩悲哀急迫岌岌然若不可以一朝居何也湯放桀於南巢蓋亦聽其自屏於一方而終耳未至於以黃鉞斬紂之甚也故夏人之痛不如商人夫以懷王之死楚人尚且悲憤不已有楚雖三戶亡秦必楚之語況六百年仁恩之所滲漉者哉當是時若非以周公之聖消息彌縫於其間商周之事未可知也且湯既

勝夏猶有慙德慄慄危懼若將隕于深淵至于武王則全無此等意思矣由是論之湯武亦豈可並言哉朱文公云成湯聖敬日躋與盤銘數語猶有細密工夫至武王往往並不見其切己事此雖儒者之見亦闡幽之論也

○○殷有三人

武王遷頑民於洛邑封箕子於朝鮮朝鮮遼海外徼去關洛東西數千餘里名雖不臣實有屏諸四

夷之意其隄防疑慮可知也若余所懷者更有一事箕子爲紂懿親不忍言紂之惡是也洪範之陳是亦不可以已乎然則夫子稱殷有三仁者何不知此仁字非朱紫陽至誠惻怛之解論語如此仁字凡三見并有仁焉文觀過斯知仁矣文其爲仁之本歟仁當作人看夫子曰殷有三仁蓋言殷有三人如此其眼者自能辨之

○世官之弊

虞夏用人止於世族今觀商書一則曰敷求哲人一則曰旁招俊乂伊尹萊朱巫咸傅說諸大臣皆非親舊然則立賢無方湯蓋用此致治矣其後周公往往言之亦未得盡行管蔡之叛周公雖逆知之必不敢言言則必不用管蔡當時習俗已久決謂周公問親間舊而忠言反爲薄論孟子所謂周公之過不亦宜乎者正此謂也武王數紂之惡曰官人以世此豈獨紂之罪自唐虞以來已如此矣

然武王雖惡紂之世官，而亦未能敗積習之常，久則難變也。孟子曰：「國君進賢，如不得已，將使卑踰尊，疏踰戚。」以今言之，何不得已之有？卽朝釋耒耜，暮登槐衮，人亦安之矣。又通論之，魯之三桓，鄭之七穆，楚之昭、屈、景，其子孫盤據，苗裔蟬嫣，雖貪如狼，狠如羊，蠢如豕，虣如虎，皆用之，而當時秀民才士，屈於族姓而老死田野者，不知其幾矣，惜哉！至秦用客卿，漢用刀筆，而此弊始除。迨東晉六朝，王謝崔盧輩各據顯位謂之華腴膏粱文踵前弊矣南之并韶北之侯景皆以憤族姓之下至於作亂景在江南求娶於王謝不得乃按劍曰會須令吳兒女作奴雖其凶悍出於天性致亂亦有由矣則湯之立賢無方固虞夏以來所未有也

○封建難復

封建之弊不特見於周秦之際而已見於三代之初蓋舜之時蠻夷嘗猾夏矣而命皐陶以修五刑

五流之制有苗嘗弗率矣雖命禹以徂征卒之以舞羽干而格夫蠻夷有苗皆要荒之外王政所不加者也而士師足以治之不戰足以服之則當時四嶽十二牧所統之國其謹侯度而不勤征討也審矣此在唐虞則然也蓋家天下自夏始夫封同姓而命之曰藩屏王室自周始然三代之封建豈得已哉蓋以諸侯歸殷者三千焉資以黜夏湯不得而廢歸周者八百焉資以勝商武王不得而易

所是知封建非殷周聖人意也勢也故封建之弊亦遂始於夏而成於周是以禹一傳而啓有有扈氏之征再傳而仲康有羲和之征夫有扈之罪曰威侮五行怠棄三正而已羲和之罪曰沈湎于酒畔官離次而已二罪者以法議之則誅止其身使其人生於漢世則一廷尉足以定其罪而啓與仲康必命六師以征之且紀其事曰大戰曰徂征又曰殲厥渠魁脅從罔治則兵師之間所傷衆矣至

於周衰人心未離而諸侯先畔天子擁空名於上而列國擅威命於下因循痿痺以至於移祚謂非封建之弊乎摠之時不唐虞君不堯舜終不可復行封建謂郡縣之法出於秦而必欲易之者則書生不識變之論也夫置千人於聚貨之區授之以挺與殳而欲其不為奪攘矯虔則為之主者必有伯夷之廉伊尹之義使之靡然潛消其不肖之心而後可苟非其人則不若藏挺與殳嚴其檢制而

使之不得以。是此後世封建之所以不可行。而郡縣所以爲良法也。王綰淳于生之徒。乃欲以三代不能無弊之法。使始皇行之。是教盜跖假其徒以利器。而又與之共處也。則亦不終日而又劇四起矣。

○楊升菴曰。封建起於黃帝。而封建非黃帝意也。土官起于孔明。而土官非孔明意也。勢也。封建數千萬年至秦而廢。土官歷千百年。川之馬湖

安氏私治中以罪除廣之田州岑氏正德中以罪除而二郡至今利之儻有言復二氏者人必群嘩而衆咻之矣封建之説何以異此

○井田不可行

井田未易言也周制凡授田不易之地家百畮一易之地二百畮再易之地三百畮則田土之肥瘠所當周知也上地家七人中地家六人下地家五人則民口之衆寡所當周知也上農夫食九人其

次食八人。其次食七人。則其民務農之勤怠。又所當周知也。農民每戶授田百畝。其家衆男爲餘夫。年十六則別受二十五畝。士工商受田五口乃當農夫一人。每口受二十畝。則其民或長或少。或爲士或爲商或爲工。又所當周知也。爲人上者。必能備知閭里之利病。詳悉知此。然後授受之際。可以無弊。蓋古之帝王。分土而治。自公侯伯子男以至孤卿大夫所治。不過百里之遠。皆世其土。子其人。

又如邾莒滕薛之類亦皆數百年之國而土地不過五七十里小國寡民法制易立有國者授其民以百畝之田壯而畀老而歸不過如後世富家以祖父世有之田授之佃客程其勤惰以爲賞奪校其豐凶以爲收貸其東阡西陌之利病皆自少壯之所習聞雖無俟乎攷覈而奸弊自無所容矣降及戰國大邦凡七而么麽之能自存者無幾諸侯之地愈廣人愈衆井田之法雖未全廢而其弊已

不可勝言故孟子云今也制民之產仰不足以事父母俯不足以育妻子又云暴君汙吏慢其經界可見當時未嘗不授田而諸侯之地廣人衆致叢難施故法制隳弛奸弊滋多也至秦人盡廢井田任民所耕不計多少而隨其所占之田以制賦蔡澤言商君決裂井田廢壞阡陌以靜百姓之業而一其志夫曰靜曰一則可見周授田之制至秦時必是擾亂無章輕重不均矣漢既承秦而卒不能

復三代井田之法蓋守令之遷除其歲月有限而田土之還授其奸弊無窮雖慈祥如龔黃召杜精明如趙張三王旣不久於其政則豈能悉其土地民俗之所宜如周人授田之法乎則不過受成於吏手安保其無弊後世蓋有爭田之訟歷數十年而不決者矣況官授人以田而欲其均平乎是以晉太康時雖有男子一人占田七十畝之制而史不詳言其還受之法未幾五湖雲擾則已無所寘

詰直至魏孝文始行均田然其立法之大槩亦不過因田之在民者而均之不能盡如三代之制一傳而後政已圯亂齊周隋因之得失無以大相遠唐太宗口分世業之制亦多踵後魏之法且聽其買賣而爲之限至永徽而後則兼并如故矣蓋自秦至今千九百餘年其間能行授田均田之法者自元魏孝文至唐初纔二百年而其制盡隳矣何三代貢助徹之法千餘年而不變也蓋有封建足

以維持井田故也。封建廢而欲復井田，不其難乎。況夫井田之制，溝澮洫涂甚備，凡為此者，非塞溪壑，平澗谷，夷丘陵，破墳墓，壞廬舍，徙城郭，易疆隴，不可為也。縱使盡能得平原曠野，而遂規畫於其中，亦當驅天下之人，竭天下之糧，窮數十年專力於此，不治他事，而後可使其地盡為井田，盡為溝洫，已而又為民作屋廬於中，以安其居，而後可。吁，亦已迂矣。井田成而民之死其骨已朽矣。自非至

愚孰肯以數十年無用之精神行萬分不一成之事乎知時變者可以思矣

○漢中郎區博諫王莽曰井田雖聖王法其廢久矣今欲違民心追復千載絶迹雖堯舜復起而無百年之漸弗能行也區博之言可謂至論宋儒張横渠必欲行井田且曰期以數年不刑一人而可復嗚呼何言之易也朱子猶惜其有志未就而卒智不如區博遠矣

○三書紀周穆王之賢

夫子定書自周成康後獨存穆王作君牙伯冏呂刑三書欲知穆王用人與其訓刑之意如是明審可知穆王之為人不墜先烈矣韓退之作徐偃王廟碑乃曰偃王君國子民待四方一出於仁義時穆王無道意不在天下得八龍騎之西宴王母於瑶池忘歸諸侯贄于徐庭者三十六國如退之說則夫子所取三篇可以無傳今觀穆王三篇其命

君牙爲大司徒則自謂守文武成康之遺緒其心憂危若蹈虎尾涉春冰必賴股肱心膂而爲之輔翼也其命伯冏爲太僕正則自謂怵惕惟厲中夜以興思免厥愆至有僕臣諛厥后自聖之言非惟見任君牙伯冏之得人且知其飭躬畏咎也其命呂刑以侯也則歷告以謹刑罰恤非辜雖當耆年而其心未嘗不在民反謂之不在天下何耶呂刑中有云王享國百年耄荒言時已老矣而猶荒度作

呂刑以詰四方荒度之義與荒度土功同太子晉稱周無道者曰夷厲宣幽而不及穆可爲明證

○○周過其曆之謬

自古有天下之長久惟周論者亦謂周過其曆此未之深考耳武王滅殷百八十七年而厲王流彘稱共和者十四年國無主也而宣王立至幽王十一年犬戎滅周合前共二百五十七年周轍東而天下不復宗矣似擁虛器不亡猶亡也漢以二百

一十年唐以百二十餘年宋以百五十餘年俱有中斷之厄治日少而亂日多蓋自古記之也

千百年眼卷第一　終

千百年眼卷第二

瀟湘張　燧和仲纂

宛陵唐一澄君湜閲

○孔子著述

孔子生平唯於周易有贊詩書則删之禮樂則定之春秋則筆削之筆但筆其舊文有削則不盡筆定亦不添一筆删則不筆者多矣蓋不貴增而貴藏文王周公之彖象多詭奇而孔子之傳文極顯

淺殷盤周誥之書詞多澁舌而魯論之紀載無聱
牙古文自古今文自今要以暢事理覺後覺而止
矣蓋不尚詭而尚平嗚呼此聖人竊比之深意非
若後世爭妍筆楮爲也

○南雅頌無優劣

南雅頌以所配之樂名邶至豳以所從得之地名
史官本其實聖人因其故不能於魯太師之舊有
所增加則季札之所觀前乎夫子其有定目也久

矣學者求聖人太深曰六經以軌萬世其各命之名必也有美有惡或抑或揚不徒然也重以先儒贅添國風一名參錯其間四詩之目出而大小高下之辨起從其辨而推之有不勝其駁者矣頌愈於雅康宣其臧魯僖乎雅加於風則二南其不若幽厲矣且詩書同經夫子删定詩有南雅頌猶書之有典謨訓誥誓命也誥之與命謨之與訓體同名異世未有以優劣言者其意若曰是特其名云

爾若其善惡得失自有本實不待辭費故也是故秦穆之誓上同湯武文侯之命參配傳說世無議者正惟不眩於名耳而至於詩之品目獨譊譊焉可謂不知類矣

○○二雅當以體別

詩大序曰政有大小故有小雅焉有大雅焉此說未安大雅所言皆受命配天繼代守成固大矣小雅所言天保以上治內采薇以下治外亦豈小哉

華谷嚴坦叔云雅之小大特以體之不同爾蓋優柔委曲意在言外風之體也明白正大直言其事雅之體也純乎雅之體者爲雅之大雜乎風之體者爲雅之小今考小雅正經十六篇大抵寂寥短章其篇首多寄興之辭蓋兼有風之體大雅正經十八篇皆春容大篇其辭旨正大氣象開闊與國風夐然不同比之小雅亦自不侔矣至于變雅亦然變小雅中固有雅體多而風體少者然終不得

爲大雅也離騷出於國風言多比興意亦微婉世以風騷並稱謂其體之同也太史公稱離騷者可謂兼之矣言離騷兼國風小雅而不言其兼大雅見小雅與風騷相類而大雅不可與風騷並言也小雅大雅之別昭昭矣薛谷此説深得二雅名義可破政有小大之説

○○詩序不可廢

桑中東門之墠溱洧東方之日東門之池東門之

揚月出序以爲刺淫而朱傳以爲淫者所自作靜女木瓜采葛丘中有麻將仲子遵大路有女同車山有扶蘇蘀兮狡童褰裳子之丰風雨子衿揚之水出其東門野有蔓草序本別指他事而朱傳亦以爲淫者所自作夫以淫昏不撿之人發而爲放蕩無耻之詞而其詩篇之繁多如此夫子猶存之則不知其所删何等一篇也夫子之言曰思無邪如序者之説則雖詩詞之邪者亦必以正視之如

朱子之説則雖詩詞之正者亦必以邪視之且木
瓜遵大路風雨子衿諸篇雖或其詞間未莊重然
首尾無一字及婦人而謂之淫邪可乎蓋嘗論之
均一勞苦之詞也出于序情閔勞者之口則爲正
雅而出于困役傷財者之口則爲變風也均一淫
泆之詞也出于奔者之口則可删而出于刺奔者
之口則可錄也均一愛戴之詞也出于愛桓叔共
叔者之口則可删而出于刺鄭莊晉昭者之口則

可錄也

○歌詩與作詩不同

古人歌詩合樂之意蓋有不可曉者夫關雎鵲巢閨門之事后妃夫人之詩也而鄉飲酒燕禮歌之采蘋采蘩夫人大夫妻能主祭之詩也而射禮歌之肆夏繁遏渠宗廟配天之詩也而天子享元侯歌之文王大明綿文王興周之詩也而兩君相見歌之以是觀之其歌詩之用與詩人作詩之本意

蓋有判然不相合者、若可疆通也、則烏知鄭衛詩、
不可用之於蘋蘩交際乎、左傳載列國聘享賦詩
固多斷章取義、然其大不倫者、亦以來譏誚、如鄭
伯有賦鶉之奔奔、趙令尹子圍賦大明、及穆叔不
拜肆夏、甯武子不拜彤弓之類、是也、然鄭伯如晉、
子展賦將仲子、鄭伯享趙孟、子太叔賦野有蔓草、
鄭六卿餞韓宣子、子齹賦野有蔓草、子太叔賦褰
裳、子游賦風雨、子旗賦有女同車、子柳賦蘀兮、此

六詩皆文公所斥以爲淫奔之人所作也然所賦
皆見善於叔向趙武韓起不聞被譏乃知鄭衛之
詩未嘗不施之於燕享而此六詩之旨意訓詁當
如序者之說不當如文公之說也

○春秋逸詩書

僖二十三年趙衰賦河水則春秋之世其詩猶存
今亾矣楚左氏倚相能讀三墳五典則春秋之世
其書猶存今亾矣宋洪邁爲山林教時林必頡爲

書學論講帝釐下土數語曰知之爲知之堯典舜典之所以可言也不知爲不知尤共蘽飫咎之可也

○詩小雅雨無解

雨無正大夫刺幽王也此小序之文雨無爲句正大夫刺幽王也爲句正大夫即第二章所稱離居者箋正義集傳並以雨無正名篇誤矣然則雨無之義若何膏澤不下也

○不日成之
靈臺詩曰、不日成之、古注、不設期日也、今注不終日也、愚按不設期日、旣見文王之仁、亦於事理爲恊、若曰不終日、豈有一日可成一臺者、此古注所以不可輕易也、
○管仲知鮑叔尤深
鮑叔固已識管仲於微時、仲相齊、叔薦之也、仲旣相、內修政事、外連諸侯、桓公每質之鮑叔、鮑叔曰、

公必行柬書之言叔不惟薦仲又能左右之如此眞知己也及仲寢疾桓公詢以政柄所屬且問鮑叔之爲人對曰鮑叔君子也千乘之國不以其道予之不受也雖然其爲人好善而惡惡已甚見一惡終身不忘不可以爲政仲不幾負叔乎不知此正所以護鮑叔之短而保鮑叔之令名也叔之知仲世知之孰知仲之知叔之深如是耶曹參微時與蕭何善及何爲宰相與參隙何且死推賢惟參

參聞亦趣治行吾且入相使者果召參參又屬其後相悉遵何約束無所變更此二人事與管鮑相反而實相類

○○廢井田自管仲

世儒罪秦廢井田不知井田之廢始于管仲作內政也漸壞矣至秦乃盡壞耳元陳孚題管仲詩畫野分民亂井田百王禮樂散寒烟平生一勺潢汙水不信東溟浪沃天可謂闡幽之論又九河之壞

亦自管仲始詩緜所謂移河爲界在齊呂是也、

○風馬牛不相及

楚子問齊師之言曰君處北海寡人處南海唯是風馬牛不相及也不虞君之涉吾地也何故劉光城以爲此醜詆之辭言齊楚相去南北如此遠離馬牛之病風者猶不相及今汝人也而輒入吾地何也其說卽書所謂馬牛其風意近有解者牛走逆風馬走順風故不相及此說亦新、

○○尾大不棹

尾大不掉此非喻言也西域有獸曰羯尾大於身之半非以車載尾則不可行宼白湛淵有咏羯詩羯尾大如斛堅車載不起此以不掉滅彼以不掉死

○左氏貶荀息

左氏書荀息之死引詩斯言之玷不可爲也荀息有焉杜元凱以爲荀息有此詩人重言之義非也

无凱失左氏之意多矣彼生言而死背之是小人穿窬之行君子所不譏也晉公溺於嬖寵廢長立少荀息不能諫正遽以死許之是其言玷於獻公未沒之先而不可救於已沒之後也左氏之言貶也非褒也

○○晉文公知大計

晉文公避驪姬之難處狄十有三年奚齊卓子相繼戮死秦晉之人歸心焉文公深信舅犯靜而待

之若將終焉者至于惠公起而赴之如恐不及于是秦人責報于外而里丕要功于內不能相忍繼以敗滅內外絶望屬于文公然後文公徐起而收之無尺土之賂一金之費而晉人戴之遂伯諸侯彼其處利害之計誠審矣是以主盟中夏幾二百年其功業與齊桓等而子孫過之遠甚也

○秦繆公學於宁人

秦風有車鄰鄰有馬白顛未見君子寺人之令此○

詩之意在後二句夫爲一國之君高居深宮不接
群臣壅蔽已甚矣又不使他人而特使寺人傳令
焉其蔽益甚矣夫秦夷狄之國也其初已如此姍
笑三代柄用閹宦不待混一天下已然矣史記年
表書繆公學于宁人宁人守門之人即寺人也史
書之醜之也三代之君必學于耆德以爲師保而
繆公乃學于宁人以刑餘爲周召以法律爲詩書
又不待始皇胡亥已然矣則景監得以薦商鞅趙

高得以殺夫蘇終於亡秦寺人之禍也聖人錄此以冠秦風求必無意也

○秦霸不由孟明

孟明始爲晉虜不自懲艾再敗於殽陵彭衙晉師不出封殽尸而還左氏美之過矣繆公襲鄭蹇叔苦諫使繆公能用其言則秦師不東也三軍不暴骨也秦誓亦不必作也左氏不稱先見知幾之蹇叔而贊喪師辱國之孟明何其謬哉且其言曰

遂霸西戎用孟明也夫秦之所以霸西戎者累世富強形勝巖險雄心於戈矛戰鬬技養於射獵發驕非一日也孟明何力焉

○○秦三良之殉不由繆公

穆公秦之賢君也三良殉而黃鳥與哀識者以爲公之遺命非也穆公不忍殺敗軍之三大夫豈以無罪之三良而命之從死按魏人哀三良云功名不可爲忠義我所安秦穆先下世三臣皆自殘生

時等榮樂旣歿同憂患斯言捐軀易殺身誠獨難味詩人之旨則知三良下從穆公實出其感恩徇主之誼初非有遺之者然後知東坡之論所謂三子之徇君亦猶齊二客之從田橫其說固有所本也獨其子若康公者遂坐視而不之止何哉

○○趙盾弑君報

宋人殺昭公趙宣子請於靈公以伐之乃發令於太廟召軍令而戒樂正令三軍之鍾鼓必備聲其

罪也宣子其不謬於君臣之際矣異時得罪出奔而其宗人穿殺其君靈公而宣子反也無一言焉夫有君之弗恤內賊之弗討而隣是師乎其曖昧極矣故吾以爲桃園之逆穿之手盾之心也三傳述其事春秋誅其心也盾得保首領以殁亡是天幸而後之論者猶或疑其事而重惜之甚矣其誅之發也於是乎下宮之役大夫屠岸賈曰靈公之賊盾雖不知猶爲賊首糾然與一國之師而汙其

宮瀦其室趙氏之宗幾亡炊火焉天報之巧與聖筆之嚴固並行而不悖矣何必假手於軍吏乞靈於鍾鼓也

○○董狐疑詞

晉靈公之弑董狐直筆渝哉其良史也旁曰亡不越境則凡弑君者逃於千里之外皆可曰吾義也絶雖弑無罪也可乎當時董狐只合舉其事其事以証其弑君不當以此爲疑詞故孔子曰惜也越

境乃免惜者惜董狐之言也非惜宣子之不能免也。

○○膠舟之報

周昭王南巡楚子以膠合舟乘昭王昭王沈于江當周全盛之時楚人已弒其君而不能討也齊桓葵丘之會管夷吾始引膠舟事責楚楚雖請盟而其憑陵猶故也毋怪秦末天下共立楚懷王孫心爲王項羽大破秦兵令宰割天下佯尊懷王爲義帝密遣

英布弑之江中亦楚子沉昭王處膠舟之事雖在
數百載前而兩王一被禍之慘則在數百里內亦可
謂報應之巧矣後來漢高帝納董公之說三軍縞
素數羽之罪因而滅之可見弑君之賊無所逃於
天地間也獨當時造膠舟者闇漏誅而遣英布者
顯伏法似乎有幸不幸而天下後世共賊之身後
之戮報亦不薄矣

○○楚子問鼎

楚子問鼎羅泌以爲妄謂楚莊賢君孫叔敖賢相滅陳且復於申叔之對入鄭且舍於鄭伯之服非復前日之頑獷也周爲共主彼豈遽然而窺之又謂鼎非傳國之物問之何益亦似有見第左氏所載王孫滿之言未必皆妄按九鼎在周乃上代所寶者故周公卜洛亦以安九鼎爲首稱楚居漢南嘗聞鼎之名欲一見之而不可得故過周之疆問周之鼎亦嚮慕之私耳王孫滿惡其強梗遂切責

之謂其窺伺神器而楚子問鼎初心未必遽至是也若謂楚實未嘗問鼎而以左氏爲罔則又不盡信書之過矣

○○楚之不競

楚之爲國也恭莊以前雖僻在荆蠻而其國實趨於强康靈以後雖屢抗中夏而其國實趨於弱齊桓不與楚角諸侯雖一向一背而其患止於猾夏晉文親與楚敵後世狃於或勝或負而其勢遂駸

駸於抗衡然自州來奔命楚始患吳鍾離熸師吳始易楚數十年間楚日不競則其抗中華也亦豈楚之利哉

○季子之賢有定論

古今兄弟讓國之事若太伯伯夷叔齊季札寥寥數人可謂宇宙間希曠宋儒獨病季札謂讓以基禍此語似是而非蓋不度當時事勢而妄爲之說者也夫季子在齊知齊政將有歸在晉知晉國必

有難聞樂知衛之後亡檜之早滅豈獨不知闔閭之爲人乎彼闔閭者陰狠而忌日夜謀所以及僚取吳散財養客數十年而幸就就而一旦致之乎季子豈賢季子而甘爲之下乎畏忌季子也季子於此掩然而受之吾恐及僚之血未乾季子且以次及矣故季子曰爾殺僚吾殺爾是父子兄弟相殺無已也斯言也蓋亦無可柰何矣躬耕延陵終身不入吳國季子寧得已乎賢者不欲逆揣其門

之變而能爲今日之所爲故不爲福先不爲禍始
欣欣去之如解重負非苟爲名而已也若季子者
可謂達不媿夷齊內不媿乃祖矣宋儒拘攣一倡
而當同至今特爲洗之

○坡公作季子贊曰泰伯之德鍾於先生棄國如
遺委蛻而行坐閱春秋幾五之二古之眞人有
化無死可謂季子知己矣

○論語出閔子門人手

論語所記孔子與人問荅比及門弟子皆斥其名未有稱字者雖顏冉高弟亦曰回雍至閔子獨云子騫終此書無指名然則謂論語出於曾子有子之門人又安知不出於閔氏之門人耶觀所言閔子侍側之辭與冉有子貢子路不同亦可見矣

○老彭即老聃

老彭王輔嗣楊中立皆以爲老聃也三教論云五千文容成所說老爲尹談述而不作則老彭之爲

老子其說古矣

○左氏非丘明

宗左氏者以爲丘明受經於仲尼所謂好惡於聖人同乎觀孔子所謂左丘明恥之丘亦恥之乃竊比老彭之意則其人當在孔子之前而左氏傳春秋者非丘明蓋有證矣或以爲六國時人或以爲左史倚相之後蓋以所載虞不臘等語秦人始以十二月爲臘月又左氏所述楚事極詳有無經之

傳而無無傳之經亦一證也又左氏中紀韓魏智伯事舉趙襄子之謚則是書之作必在襄子既卒之後若以爲丘明則自獲麟至襄子卒已八十年矣即使丘明與孔子同時不應孔子既沒七十有八年而丘明猶能著書也今左氏引之其爲六國人無疑

○子羽貌武

夫子云以貌取人失之子羽意謂其貌寢也及觀

李龍眠所畫七十二弟子像其猛毅比季路更甚則所爲行不由徑非公事未嘗至於偃室及夫子所謂失之子羽者正以其貌武而行儒耳博物志水經注俱稱子羽渡河齎千金之璧河伯欲之陽侯波起兩蛟夾舟子羽曰吾可以義求不可以威劫左操璧右操劍擊蛟皆死乃投璧於河三投而輒躍出竟棄璧而去然則子羽之勇誠不減季路矣

○○南子是南蒯

史記謂孔子見衛靈公之寵姬南子非也家語曰孔子適衛子驕爲僕靈公與夫人南子同車出令宦者雍渠驂乘使孔子爲次乘遊於市孔子耻之夫聖人方以季桓子受齊女樂而去魯適衛至衛而耻爲靈公南子之次乘豈肯輕身往見之南子者蓋魯之南蒯耳南蒯以費畔昭公十四年奔齊侍飲於景公公曰叛夫對曰臣欲張公室也南蒯

欲弱季氏而張公室夫子見之將以興魯也與見佛肸事不約而合佛肸之召子路曾致疑矣此又不悅夫子以堅白匏瓜微言不足以醒之故復有天厭之誓比類以觀則知其非見衛之南子而見魯之南子必矣

○匏瓜

匏瓜星名繫即日月星辰繫焉之繫見應劭之天文圖蓋星有匏瓜之名徒繫于天而不可食正與

維南有箕不可以簸揚維北有斗不可挹酒漿同義

○執禮之執當作埶

子所雅言詩書執禮執字當是埶字之誤隸書埶執字相類埶樂也是即春秋教以禮樂冬夏教以詩書與四教亦是四事埶即藝字

○○立言之難

夫子不語怪力亂神特不語耳非謂無也後之儒

者遂欲一切抹却不知力亂分明有神怪豈獨
無眾爾則春秋所紀災異悖亂之事皆矯誣而不
足信乎又如孟子天時地利章亦只較其緩急而
輕重言之若如後儒仁義干櫓之說則是天時地
利可盡捐而不用矣嗚呼腐儒者流眞所謂以人
國僥倖者也

○○孔子無所不佩

王逸曰行清潔者佩芳德光明者佩玉能解結者

佩觿能決疑者佩玦故孔子無所不佩也卓吾子曰古者男子出行不離劍佩遠行不離弓矢日逐不離觿玦佩玉名爲隨身之用事親之物其實思患預防文武兼設可使由而不可使知之道也與丘用寓兵同括矣意不在文飾特假名爲飾耳後之人昧其實也以是爲美飾而矜之務內者從而生厭心曰是皆欲爲侈觀者何益之有故於今並不設備而文武遂判非但文士不知武備至於武

人居常走謁，亦效文裝矣。寬衣博帶，雍雍如也；肅肅如也。一旦有儆，豈特文人束手，武人亦寧可用耶。

○○孔子不夢周公非衰

孔子夢周公，尚是耳中鳴磬，眼中金屑也。直到不夢見周公時，便是一齊放下，所謂去年貧未是貧，今年貧始是貧耳。其所云吾衰，正已到大休歇處也。

○○季文子三思

季文子相三君其卒也無衣帛之妾食粟之馬無藏金玉無重器可謂善矣然怨歸父之謀去三家至掃四大夫之兵以攻齊方公子遂弑君立宣公行父不能討反爲之再如齊納賂焉又帥師城莒之諸鄆二邑以自封植其爲妾馬金玉也多矣是亦公孫弘之布被王莽之謙恭也時人皆信之故曰季文子三思而後行夫子不然之則曰再斯可

矣若曰再尚未能何以云三思也使能再思不黨篡而納賂專權而興兵封殖以肥已矣文公不得其辭乃云思至于三則私意起而反惑誠如其言則中庸所謂思之弗得弗措也管子所謂思之思之又重思之思之不通鬼神將通之奚臣勸諸葛恪十思者皆非矣

○○孔子請討陳桓

孔子沐浴而朝於義盡矣胡氏乃有先發後聞之文

談卓吾子曰世固有有激而爲者不必問其爲之果當也有激而言者不必問其能踐言與否也哀其志可也原其心可也留之以爲天下後世之亂臣賊子懼可也何必說盡道理以長養亂賊之心乎若說非義則孔子沐浴之請亦非義矣何也齊人弒君與魯何與也魯人尚無與又何與於家居不得與聞政事之孔子乎不得與而與是出位之僭也明知哀公三子皆不可與言而言是多言之

窮也總之為非義矣總之為非義然總之為出於義之有所激也總之為能使亂臣賊子懼也即孔子當日一大部春秋也何待他日筆削魯史而後謂之春秋哉先正蔡虛齋有岳飛班師一論至今讀之猶令人髮指冠目裂眦欲代岳侯殺秦檜滅金虜而後快也何可無此議論也明知是做不得說不得然安可無此議論乎安可無此議論乎張和仲曰至言至言先正有云三桓之無君與晉之

三大夫齊之田氏一也孔子雖去位而三桓終不敢篡魯孔子之功也則夫請討之舉未必全無所關係而聖人亦何嘗枉却沐浴之勞也括出與識者辨之

○陽虎之奸

陽虎將殺季孫不克說甲如公宮取寶玉大弓以入讙陽關以叛明年乃得之堤下穀梁曰陽虎以解衆也得其情矣董東發曰陽虎竊之無所用故復

歸之也此豈知巨猾之深姦邪虎初竊時亦也知無用特以魯寶之我竊之魯必追我我與之則魯終我也西方有狗國中華人入之竊其筋而逃狗追嚙之人以筋投之必啣而反數反則追無及矣陽虎蓋欲狗國魯也乎晉明帝覘王敦逃歸湖陰以七寶鞭獲免蓋祖虎之故智云爾

○○魯公室與戰國相終始

魯自隱至昭而逐於季氏凡十世自宣至定而制

林時舉問羅近溪曰昔人謂子貢晩年進德如謂仲尼日月也如天之不可階而升也眞是尊信孔子到至處先生曰此是子貢到老不信夫子處如何爲進德孔子一生之學只是求仁只是行恕夫子此仁恕卽一時將天下萬世都貫徹了子貢不知卻只望夫子得邦家至其後仲尼以萬世爲土爲萬世立命矣子貢猶不知且追恨夫子未得邦家求見綏來動和之化與夫生榮死哀之報想其

築室于場六年不去猶是此念耿耿也當時儀封人一見夫子便說夫子不曾失位只其位與人不同正木鐸天下萬世之位也朱子以將字解作將來之將不知當作將無之將所以把封人獨得之見與子貢一般看了此是學問大關鍵吾人學聖大眼目此處放過他皆無足論矣張和仲曰延溪此說可謂前無古人矣然子貢亦有說得着處如仲尼焉學之問是也蓋學只是常事學不賢非孔

不能舜之好問好察殆是千載同調非深於道者不易識也

○○劉司中曰將字當與孟子幣之未將同觧蓋天奉夫子以爲木鐸也若作將無之將尚有毫釐之隔

○○曾點二事俱不類

季武子卒時孔子生纔十七年則曾點或未生亦甚少也安得倚其門而歌乎又可怪者曾子芸

瓜小過而曾點暴怒如此，絕與鼓琴浴沂氣象不類，豈所謂狂者之過耶？抑紀載失實也？

千百年眼卷二終

千百年眼卷第三

瀟湘張　燧和仲纂
長洲陳元素古白閲

○○子夏易說

○易鳴鶴在陰其子和之我有好爵吾與爾靡之相觀而善之謂靡鳴鶴以相和成聲好爵以相靡成德子夏易說如此今本作縻縻牛韁也取繫戀之義然不如靡厲之說爲長以韻讀之文叶也

○儒者說春秋之失

儒者之說春秋其失有三尊經之過也信傳之篤也不以詩書視春秋也其尊之過則曰聖人之作也其信之篤則曰其必有所受也無惑乎其求之益詳而傳會之益鑿也其視之異乎春秋則曰此刑書也無惑乎其言之益刻而煆鍊之益深也已以為美則強求諸辭曰此予也此褒也聖人之微辭也已以為惡則強求諸辭曰此奪也此貶也聖

人之特筆也或曰聖人之變也一說弗通焉文爲一說以護之一論少窒焉文爲一論以飾之使聖人者若後世之法吏深文而巧詆蔑乎寬厚之意此其失非細故也

○孔子不言樂

夏殷之禮孔子能言之而不及樂鯉趨過庭訓以學禮亦不及樂豈以禮具而樂即存耶夫古樂之亡久矣即孔子亦無得而聞也若告顏子爲邦而

終之以韶舞則于齊嘗聞韶惟顏子或足以知之耳

○三禮之乖異

七十二子之在孔門問道均矣夫子沒而其說不同曾子襲裘而弔子游裼裘而弔小斂而奠曾子曰於西方子游曰於東方異父之道子游曰為之大功子夏曰為之齊衰曾子子游同師於夫子而異說如此況復傳之群弟子之門人則其失又遠

也從而信之則矛盾可疑從而疑之則其說有師承此三禮文義不能無乖異也迨其後也呂不韋作月令蓋欲爲秦典故祭祀官名不純於周漢博士欲爲漢制故封爵不純於古後世明知二書出於秦漢猶且曰月令爲周禮王制爲商禮至於今則以其傳遠而不敢辨矣惜哉

○魯郊禘不出成王之賜

魯郊禘之僭天下後世所共議也至以爲成王之

賜則厚誣矣春秋書禘于莊公見禘之僭始於閔公也書四卜郊見郊之僭始於僖公也由是觀之則郊禘不出成王之賜也明矣且史者載事之書也以天子禮樂賜諸侯豈細事哉左氏未嘗言之公羊穀梁及國語皆未嘗言之公羊之言曰卜郊非禮也卜郊何以非禮魯郊非禮也其言即春秋意也隱公嘗問羽數于衆仲衆仲曰天子用八諸侯用六大夫用四士用二公從之於是初獻六羽

若八佾之賜果出成王則衆仲胡不舉以對臯鼬之盟萇弘欲先蔡祝鮀述魯衛初封之寵命賜物其說魯之寵錫大輅大旂夏后氏之璜封父之繁弱土田陪敦祝宗卜史官司彝器纖悉畢舉使有天子禮樂之賜鮀也正宜藉口以張大於此時而反無一言及之乎昭公曰吾何僭矣哉子家駒曰設兩觀乘大路朱干玉戚以舞大夏八佾以舞大武此皆天子之禮也賜果出於成王子家敢面斥

耶公以僭而不諱耶由是觀之魯之僭非特郊禘而已天子之禮樂大小皆悉用之周公閟來聘魯饗有昌歜形鹽而辭不敢受甯武子聘魯魯饗之賦湛露彤弓而曰其敢干大禮二子之辭蓋惡魯之僭也以是觀之可見魯之僭尚未久故上自天子之宰下至鄰國之卿苟有識者皆疑怪遜謝而魯人僉無一言及成王之賜以自解以此知其誣也按呂氏春秋云魯惠公使宰讓請郊廟之禮於

王王使史角止之夫知之而有郊禘是魯自僭也
然惠公雖請之而魯郊猶未率爲常僖公始作頌
以郊爲夸焉記禮者以爲魯禮皆成王賜之以康
周公而疑似之說遂至於今不可以不辨

○春秋葬不擇時

傳曰諸侯之葬五月大夫經時士則踰月故先期
而葬謂之不懷後期不葬譏之殆禮此則葬之不
擇年月日可攷也今檢葬書以巳亥之日用葬取

內謹按春秋之際此日葬者凡一十餘人此則葬不擇日可攻也左傳子太叔曰若待日中恐久勞諸侯來會葬者國之大事無過喪葬乃不問時之早晚唯論人事可否此則葬不擇時可攻也

○○莊周未能忘情

莊周妻亡鼓盆而歌世以爲達此殆不然未能忘情故歌以遣之耳情若能忘又何必歌

○○夏君憲曰婦人好幹家做功名婦人之情也莊

周一生曠達欲效曳尾之龜必是被妻子逼擾不過到此方得脫然不覺手舞足蹈逍遥遊之作或者其鼓盆之後乎

○孟子非受業子思

史記載孟子受業子思之門人不察者遂以爲親受業於子思非也攷之孔子二十生伯魚伯魚先孔子五年卒孔子之卒敬王四十一年子思實爲喪主四方來觀禮焉子思生年雖不可知然孔子

之卒子思則旣長矣孟子以顯王二十三年至魏赧王元年去齊其書論儀秦當是五年後事距孔子之卒百七十餘年孟子卽也耆艾何得及子思之門相爲授受乎哉孔叢子稱孟子師子思論牧民之道蓋依倣之言不足多信

○○孟子性善無定論

性相近一語千古論性之宗不可易也孟子道性善然亦不能盡廢或人之說玩其言曰乃若其情

則可以爲善矣乃所謂善也曰乃曰可皆擬議推敲之詞卽性相近之意及言聲色臭味則曰性也有命焉文曰孩提之童無不知愛其親孩提之愛生於欲所欲在乳順之則喜拂之則啼與告子食色性也何殊乎其曰性善或是言性之原耳朱元晦無極太極之辨此爲鼻祖

袁石公曰孟子說性善亦只說得情一邊性安得有善之可名且如以惻隱爲仁之端而舉乍

見孺子入井以驗之然今人乍見美色而心蕩乍見金銀而心動此亦非出于矯強可俱謂之眞心耶

○○孟子權衡失準

孟學孔者也守其家法可也乃一槩執孔子以裁亘古之聖人未免有權衡失準處矣蓋其別一時詖淫邪遁之言則精而窮千聖權實變化之用則泥

○○曾孟稱孔子

耿子庸有云登東山而小魯登泰山而小天下孟子之名孔子也但可爲孟子自道之言江漢以濯之秋陽以暴之曾子之名孔子也但可爲曾子自道之言此解無人會得

○○夫子賢於堯舜

王龍溪曰堯舜未易賢也釋者指事功而言殆非本旨夫人之情得于親炙者其情密而屬意深得

于傳聞者其情踈而用意淵況門人受夫子之敎耳目所濡染精神所鎔鑄中心誠服同于罔極之恩比之邈焉踈淵之迹似若有聞故不覺稱誦至于如此門人亦不得而自知也其曰不至阿其所好亦若有槩于其中者矣

○螬可療目

孟子所載陳仲子井中食李事嘗疑螬可以治耳目之病及閲晉書盛彦之母失明年久嘗撻其婢

婢悵以灸蠐啖之毋食之美後以示彥彥乃抱毋痛哭然毋從此目復明因閱本草亦云蠐螬汁滴目中可去障翳乃知仲子匍匐三咽不爲無謂

○○孟子不行三年喪

許竹厓曰孟子勸人行三年之喪而于其身則不能無疑焉其書曰孟子自齊葬於魯反於齊止於嬴充虞請曰前日不知虞之不肖使虞敦匠事嚴虞不敢請今願竊有請也木若以美然夫以葬魯

未幾而即及於斂止殯方暇而始可以問則其未嘗終喪於家也可知否則何自齊以至於葬曾之後更無餘隙乃至在途止殯而可問耶余謂此說誠獨見也

○○孟子闢楊墨

楊朱治老子墨翟治禹孟子言其無父無君甚之於禽獸幾於酷吏苛辭矣若以孔子差等之王之眼而照萬世則楊墨之源不深其流亦必不長

縱微孟子之排、亦將不久自熄、何者、世方決性命之情、以饕富貴、安肯如楊子之不拔一毛、世方後公事急身圖、安肯如墨氏之摩頂放踵而利天下、妨道蠹民、其唯鄉愿乎、彼其通宦、機適俗性、故能深投小人之好、而且以久流于世也、然楊墨真而鄉愿僞、試思泣岐悲染、是何等心胷、即墨子守宋一端、已爲今古奇績、假令世有若人、又何暇稽其無父無君之流弊、即目之爲忠臣孝子、可矣、

○孟子善言詩

不以文害辭不以辭害意學詩之法孟子兩語盡之矣蓋詩人之意寄興取喻含蓄不盡故言之者無罪而聞之者足以戒如刺淫亂則曰雝雝鳴鴈旭日始旦而昏冒之意自在言外憫流民則曰鴻鴈於飛哀鳴嗷嗷而凄涼之景如在目前傷暴歛則曰維南有箕載翕其舌而誅求無藝之慘也不可勝言孟子論與民偕樂而獨言鼓樂田獵深識

此意如詩有民之秉彝好是懿德孟子釋之曰民之秉彝也故好是懿德未嘗費辭而理自明使宋儒爲之不知添許多詮釋矣又如書曰刑故無小宥過無大有作者解云刑故無無小宥過無宥大只添二字而語意明白訓詁家須作如是觀

○詩亡辯

金華王栢曰王者之迹熄而詩亡詩亡然後春秋作孟子之言貫二經始終之要義理之所關也解

者謂夫子止因雅亡而作春秋則雅者自為朝會之樂春秋自為魯國之史事情闊遠而脉絡不貫且孟子言王者之迹熄而詩亡非曰王者之詩亡也凡言詩風雅皆在其中非獨以為雅也王制有曰天子五年一巡守命太師陳詩以觀民風自昭王膠楚澤之舟穆王廻徐方之馭而巡狩絕迹諸侯豈復有陳詩之事哉民風之善惡旣不得知其三百篇者又多東遷以後之詩無乃得于樂工之

所傳誦而已至夫子時傳誦者又不可得益不足以盡著諸國民風之善惡然後因魯史以脩載諸國之行事不待褒貶而善惡自明故詩與春秋體異而用則同

○○孟子不盡信武城

孟子於武城止取二三策又曰盡信書則不如無書可見古聖賢讀典謨猶自有去取所以識見籠罩千古今之學者甘作轅下之駒何怪其日陋也

雖然，使是說不出孟氏，則宋儒又以爲異端之射的矣。

○○告子性學

告子一生留心性學，故孟子七篇惟與告子論學最精，以爲實然。罔覺悍然不顧，不知告子甚矣。王弇州曰：荀子之言性惡盡矣，然亦自體驗得之，如告子亦體驗而得者也。楊子之善惡混，從孟荀之論而發其疑；韓子之三品，復因三子之論而酌其

似非體驗得者也此論可爲二子出氣

○孟子句讀

孟子馮婦暴虎章一本作晉人有馮婦者善搏虎卒爲善句士則之句野有衆逐虎虎負嵎莫之敢攖云云前士則之後爲士者笑之文義相屬而於章旨亦合特難與迂滯者語耳

○○魏襄王竹簡與孔壁同功

春秋戰國殉葬之風大行至始皇穿冢驪山珠璣

實玉窮極人代唐太宗獨以蘭亭高出千古矣然孰與魏襄王之竹簡也襄王即孟子所謂不似人君者也而冢中獨竹簡數十車古毳一二服玩珍怪無聞焉即世傳三書無論如大易繫辭或燼於秦火而出於冢中則襄王竹簡豈不與孔壁同功哉當戰國紛爭雅尚有如若人誠未易者適世率置之弗道惜哉

○孫叔敖碑考

史記載孫叔敖優孟事甚詳按叔敖浮光期思縣人也期思今廢爲鎮費補之云予得漢延熹中碑書是事微有不同云病甚臨卒將無棺槨令其子曰優孟曾許千金貸吾孟楚之樂長與相君相善雖言千金實不負也卒後數年莊公置酒以爲樂優孟乃言孫君相楚之功即慷慨高歌涕泣數行王心感動覺悟問孟具列對即求其子而加封焉子辭父有命如楚不忘亡臣社稷功而欲有賞必

於潘國下濕墝埆人所不貪遂封潘鄉潘即固始也而所載歌絶奇曰貪吏而可爲而不可爲廉吏而可爲而不可爲貪吏而不可爲者當時有汙名而可爲者子孫以家成廉吏而可爲者當時有清名而不可爲者子孫困窮披褐而賣薪貪吏常苦富廉吏常苦貧獨不見楚相孫叔敖廉潔不受錢味其語憤世嫉邪含思哀怨過於慟哭勝史記所書遠甚聽者安得不感動也歐陽公集古錄謂微

斯碑後世遂不復知叔敖名饒文謂碑亦罕傳余以集錄二十餘年間求之博且勤乃得之云

○孫武入郢之舉疑僞

孫武之譚兵當在穰苴之後吳起之前然武爲吳將入郢其說或未盡然丘明於吳事最詳練又喜誇好奇以武如此舉動不應盡沒其實蓋戰國策士以武聖於譚兵恥以空言令天下爲說文之耳夫談者固未必有用用者固有不必譚劉子玄非

眞能史其論史卽馬班莫能難嚴羽卿非眞能詩其論詩卽李杜莫能如藉令馬班李杜自言之或未必如二子之鑿鑿也而責二子以馬班李杜則悖矣

子胥種蠡皆人傑

楊子雲以三諫不去鞭尸藉館爲子胥之罪以不彊諫句踐而栖之會稽爲種蠡之過夫三諫而去爲人臣交淺者言也如宮之奇洩冶乃可耳至如

子胥吳之宗臣與國存亡者也去將安往哉百諫不聽繼之以死可也孔子去魯去嘗一諫又安用三父受誅子復讎禮也生則斬首死則鞭尸發其至痛無所擇也是以昔之君子皆哀而恕之雄獨非人子乎至於藉館闔閭與群臣之罪非子胥意也句踐困於會稽乃能用二子若先戰而彊諫以死之不過一彊項之臣耳於國家成敗何益哉

○唐盧无甫有胥山銘序畧云伍公絶楚出彊在

平爲未宦臣崔杼爲旣壯子坎壈伎節乞師于吳五戰入郢先王有言撫則后虐則仇成湯用爲大義孔子立爲大經子胥脩爲大仇騷人賦爲大怨語意豁達足爲子胥吐氣

○○吳亡不係西施

昔人謂聲色迷人以爲破國亡家無不由此夫齊國有不嫁之姊妹仲父云無害霸蜀宮無傾國之美人劉禪竟爲俘虜亡國之罪豈獨在色向使庸

有湛盧之藏。潮無鴟夷之恨越雖進百西施何益哉。

○○西施不隨范蠡

自杜牧有西子下姑蘇一舸逐鴟夷之句世皆傳范蠡載西施以逃及觀脩文御覽引吳越春秋逸篇云吳亡後浮西施於江令隨鴟夷以終浮沉也子胥之被讒西施有力焉子胥死盛以鴟夷浮之江令沉西施於江所以謝子胥也范蠡去越亦號

鴟夷子杜牧遂悞以胥爲蠡耳墨子曰吳起之裂其功也西施之沉其美也豈非明證哉文士一時趂筆遂墮後人於疑網

○余按唐景龍文館記宋之問分題得浣紗篇云越女顏如花越王聞浣紗國微不自寵獻作吳宮娃一行覇何踐再笑傾夫差一朝還舊都靚粧尋若耶鳥驚入松蘿魚畏沉荷花觀此則西施後還會稽矣而要之沉江之說爲信

○夏君憲曰：作隨蠡去更好，更有趣。沉江何益也。吳宮歷年之寵幸，介然必成所事，豈兒女柔腸所可辨耶？諸子胥爲主吠也，何足誅。

○大赦始於春秋

後世乃有大赦之法，不問情之淺深、罪之輕重，凡有犯在赦前，則殺人者不死，傷人者不刑，盜賊及作姦犯科者不詰，於是赦爲偏枯之物，長姦之門。然觀管仲所言及陶朱公之事，則知春秋戰國時

也有大赦之法矣

○蘇代爲燕昭閒齊

燕昭即位志復齊仇非一日矣樂毅以趙亂適衞至燕在十七年之後又十年始合五國以破齊方其患齊之强志未逞也蘇代之徒爲之閒齊離趙之交激秦之怒勸之以伐宋驕其兵而罷其師齊卒以亡代有力焉而世不數何也張和仲曰代之所爲不過傾詐反覆之術與兵家之用閒等耳必

有樂毅然後能號召五國連兵濟上毅所謂發縱指示之功也豈代可擬哉

○樂毅田單兩賢相尼

樂毅爲燕合諸侯破齊殺緡王舉全齊之富而歸之燕猶齊五年下齊七十餘城惟莒即墨未服兵久於外而燕人無怨心諸侯無異議其所以鎭撫內外必有道矣湣王之暴神人之所共棄而伐齊之利諸侯之所共有此固毅之本計歟至與莒即

墨相持田單拒之五年而不決此非戰之罪勇智相敵勢固然耳廉頗拒王齕於長平司馬懿拒諸葛亮於祁山智均力敵雖有小負莫肯先決而要之以久使毅不遭惠王之隙以燕齊之衆而臨二城磨以歲月雖田單之智將何能爲乎其勢如燕將之守聊愈久而愈困耳至夏侯玄不達兵勢以謂毅不下二城將以成王者之業此書生之論非其實也

○古今用兵攻守之勢甚懸有善守則無善攻是故王莽以百萬圍昆陽也而殲脩煬以百十三萬圍平壤也而潰此其兵莫衆矣則曰將非才也孔明以十萬圍陳倉而不拔孫權以十萬圍合肥而幾擒此其將莫才矣則曰兵非衆也光武悉漢將之良以圍天水而折北神武悉齊兵之銳以圍金墉而殞身此將非弗才兵非弗衆矣則猶曰敵堅也拓拔英楊大眼以四十萬圍

鍾離而隻輪不返郭子儀李光弼以六十萬圍相州而九師盡奔此將非不才兵非不衆敵非不脆矣則猶曰救至也至魏太武屯百萬於宋唐太宗聚天下於遼則不惟將之才絕古今而且帝矣不惟兵之衆極海宇而且精矣加以盱眙小城安市夷師敵非勍也義隆破膽延壽望風救已絕矣然而卒自解者何以故也故曰攻守之勢懸絕甚也有善守則無善攻也而況乎

樂毅之將燕昭之兵而攻乎田單之守又有騎劫之代也若之何二城之可拔也

○樂毅去就無歉

毅以讒去燕適趙趙父母國也報燕惠王書稱忠臣去國不潔其名不効戰國反覆復爲趙而讎燕去就無歉傳之子孫亦然高帝過趙復封其孫樂叔者於樂鄉其所感者深矣然則樂毅非戰國之士也

○田單用疑

田單之保卽墨也使人食必祭以致烏鳶又設爲神師皆近兒戲無益於事蓋先以疑似置人心腹中則夜見火牛龍文足以駭動取一時之勝此其本意也

○商鞅善托其君

商君之初見孝公也說之以帝道不悅復說之以王道又不悅最後乃復進公以霸道若此者豈眞

望其君以帝王之道哉蓋先以迂闊久遠之事嘗焉使孝公之心厭再嘗之而知其心之必在於富強也故一語而輒合商君所以內托其身而外托其君者審矣說者曰圖王不成其弊猶可以霸嗚呼使齊桓晉文而行湯武之事將求亡之不暇雖欲霸可得乎第此難與拘儒道耳

○商鞅徙言令便者

商鞅徙木之後秦民初言令不便者有來言令便

者、商鞅曰、此皆亂化之民、盡遷之於邊城、夫立法之時不難從言不便者而難從言便者、鞅一切不顧、直是有豪傑膂膽、要亦厭其變遷不情耳

○○虞卿復相趙

游說之士、皆歷詆諸侯、以左右罔其利、獨虞卿始終事趙、專持從說、其言前後可考、無翻覆之病、觀其赴魏齊之急、捐相印、棄萬戶侯而不顧、此固義俠之士、非說客也哉、然太史公記虞卿與趙謀事、

皆秦破長平後而卿爲魏齊棄相印走大梁則前此矣意者魏齊死卿自梁還復相趙太史公敘次偶倒耳

○○仲連使秦不終帝

魯仲連辯過秦儀氣凌髡衍而從横之利不入於口因事放言切中機會排難解紛如決潰隄不終日而成功逃避爵賞脫屣而去戰國以來一人而已使迣死秦人帝不旋踵而亡若天下共守其言

不背也

○楊龜山誄貶藺相如

藺相如爭趙璧事氣蓋秦廷而楊龜山弗是之謂古以皮幣珠玉而不得免者況一璧乎歸趙何益是時宋輸女直金帛多矣不知又何益也龜山此論豈其未見靖康以後事耶

○救閼與非吝不可

閼與之地秦韓趙三國之交秦攻韓而移兵閼與

蓋出趙之不意也趙議發兵救之廉頗不肯輕用
其名鬪成敗於鼠穴趙奢出自細微一戰而勝然
則頗遂不若奢與不知頗秦所忌也奢秦所易也
奢將則敵信而弗疑頗將則敵畏而備堅矣故奢
之事頗雖勇不能行頗之言奢雖勝不能奪也尚
論者其可以一勝之功妄置褒彈乎

○○平原君所失不獨毛遂

戰國策秦圍邯鄲急且降平原君用傳舍吏子李

周之說得感死士三千卻秦軍三十里所謂李同者非平原客也則其所失不獨一毛遂已

○范雎蔡澤偶儻

范雎以亡囚而驅四貴蔡澤以羈旅而攫相位行而無媒犯天下之所至難其勢非危言則無所激故澤之宣言困雎者即雎之謬言無王也三寸柔舌博金印如斗大吁可畏哉雖然范雎富貴已極及澤一說即日解印綬如擲瓦礫澤為相亦不過

數月謝病免歸二子所謂倜儻之士其心能作能止眞有過人者黃東發猶有捕蟬之誚豈眞所謂耳食者與

○○應侯用蔡澤

蔡澤以唐舉一言之激袖手而入秦乘應侯之自危出不窮之辯杜其口伏其意安然而據其相位若承蜩然智者以爲蔡澤之用應侯不知應侯之用蔡澤也夫自武安後鄭安平叛王稽見法人主

之大欲不盡酬而應侯且無以自解蓋嘗彷徨而左右顧求其人以托税駕之地而不可得得一蔡澤爲之代應侯其免矣是故幡然而薦之天下皆以應侯能用賢而應侯之過自是無以聞于昭王者非以蔡澤故邪

○秦先時自有張祿

史記謂雎入秦變姓名爲張祿學者蓋不知秦先時自有張祿也初孟嘗君柄齊悅張祿先生之教

奉之黃金百斤文織百純祿辭而不受他日謂孟嘗君曰夫秦四塞國也遊宦者不得入焉願君爲吏尺之書寄我於秦王我往而遇乎固君之人也往而不遇乎雖人求謀固不遇矣孟嘗曰敬聞命因爲之書寄之秦王往而大遇考之田文之卒在范雎未入秦之先則張祿之入秦居范雎之前久矣雎入秦而匿名張祿豈祿嘗有聞于諸侯秦特令雎冒其名以誑鄰國耶

○呂不韋之愚

呂不韋事譚者皆艷之不知不韋何奇之有天厭秦德假手賈人子巧易其宗耳不然不韋自謂智矣能反掌攫千乘之國而不能奮身脫赤族之誅能立數二王於方壯之年而不能制子政於垂髫之日豈智於前而後乃愚耶天奪其鑒矣若夫呂覽一書要不過竊他人之唾餘矜自己之雋永千金懸咸陽市而無一人敢增損一字豈眞游夏不

能贊一詞恥儒家者流取其首篇所紀月令厠之禮經迄於今不廢也豈不甚能愚後人哉人自愚耳

黃歇之禍不在李園

黃歇之爲奸大類不韋而行之於爲相之後尤不義雖使聽朱英殺李園終擅楚國亦將不免大咎何以言之楚之立國僅千歲無功于民而獲罪于天天以歇陰亂其嗣而與之俱斃豈區區朱英所

能爲哉。不然。以賈歆之智。而朱英之言。獨無概于中乎。

○燕吳之所以亡

燕國於蠻貊之閒。春秋之際。未嘗出諸侯會盟。至於戰國。亦以耕戰自守。安樂無事。未嘗被兵。文公二十八年。蘇秦入燕。始以縱橫之事說之。自是兵交中國。無復寧歲。六世而亡。吳自太伯至壽夢十七世。不通諸侯。自巫臣入吳。敎之乘車戰射。與晉

趙力爭七世而亡與亡之迹大畧相似彼說客策士借人之國以自快于一時可矣而爲燕若吳者亦何利此二子哉

○客非負齊

松耶栢耶之歌悼王建以客亡國也然是時有即墨大夫亦客也知齊亡在旦夕見王而說之曰齊地方數千里帶甲百萬今三晉大夫不便秦而在阿鄄之間者百數王收而與之數萬之衆使收晉

故地即臨晉之關可入矣鄢郢大夫不欲爲秦而在城南下者百數王收而與之數萬之衆使收趙故地即武關可入矣如此而齊威可立豈特保國家而已哉建不聽而竟餓死共邑松栢之間爲此謀者非客耶然則非客負於齊固王聽之不聽耳

千百年眼卷一終

千百年眼卷第四

瀟湘張　燧和仲纂
秣陵胡宗仁彭舉閱

○秦用客之功

七國爭天下，莫不招致四方游士。然六國所用相，皆其宗族及國人，獨秦則不然。始與謀國開伯業者，魏人公孫鞅也。其他若樓緩，趙人；張儀、魏冉、范雎，皆魏人；蔡澤，燕人；呂不韋，韓人；李斯，楚人。皆

委國而聽之不疑卒之所以有天下者諸人之力也

○戰國九流中辯士

戰國著書者亡非辯士九流中具有其人孟荀儒之辯者也莊列道之辯者也衍奭陰陽之辯者也髡孟滑稽之辯者也宋玉詞賦之辯者也今但知儀秦髡衍爲辯士孟氏有好辯之名亦小矣

○古文多譬況

秦漢以前書籍之文言多譬況當求於意外如尚書云說築傅巖之野築之爲言居也後世猶有小築之稱求其說而不得遂謂傅說起於板築雖孟子亦誤矣伊尹負鼎以干湯謂伊尹有鼎俎之才也猶書曰迓衡云耳横議者遂謂伊尹爲庖人若然則衡秤也尹曰迓衡其亦鬻秤權之市魁乎子貢多學而識故孔子曰賜不受命而貨殖焉莊子便謂子貢乘大馬中紺表素之衣太史公立貨殖傳

便斧誣子貢如此則子貢一猗頓耳、又論語爲命裨諶草創之左氏遂謂裨諶謀于野則獲蓋因草之一字誣之也○孔父正色而立朝左氏遂謂孔父之妻美而艷蓋因色之一字誣之也倣此以往則國語謂驪姬蝎譖申生必將如市之掇蜂、禮所云、諸侯漁色於下、即小說家謂西施因網得之類矣乎、姑發此以諗知者

○○讀書句讀

學者有讀書終身不知句讀者由少年不經師匠因仍至此嘗觀李彥平讀禮記男女不雜坐不同句椸枷不同句巾櫛不親授句程伯淳讀孟子至大至剛以直句養而無害則塞於天地之間姚寬讀左氏春秋故讀事以度軌句量謂之軌取材以章物句采謂之物又聞晉公子駢脅欲觀句其驟浴句薄而觀之東萊之讀漢書衛青傳人奴之句生得無笞罵即足矣楊用脩讀史記高祖與父

老約句法三章耳皆妙得古人之旨以類推之如莊子涇流之大兩涘爲句史記封禪書八神一曰天主祠天齊二曰地主祠泰山梁父觀後天子至梁父禮祠地主之文則八神名當至主字句絕而用脩允寧皆一曰天二曰地爲句李布傳身屢典軍搴旗者數矣尤字一句而索隱身屢典軍爲句匈奴傳務調納其說以便偏指不參彼已句絕而索隱以偏指不參爲句律書鮮妙必效情句核其

華道者明矣而用脩引之作情核其華爲句絕
彭越傳其雲蒸龍變欲有所會其度句絕言欲遣
時行志與所蘊適相際也如云此足下度內耳可
誣而用脩其度以故爲句谷永傳成帝數爲微行
多近幸小臣句絕趙李從微賤專寵皆皇太后與
諸舅夙夜所常憂而用脩元美皆讀云小臣趙李
從微賤專寵此類未可悉數

○古書之僞

本草神農書也中言豫章朱崖趙國常山奉高眞定臨淄馮翊出諸藥物如此郡縣豈神農時所有耶山海經禹益書也中有長沙零陵桂陽諸暨如此郡縣豈禹時所有邪三墳伏羲神農黃帝書也然謂封拜之辭曰策策始於漢而謂伏羲氏有策辭可乎祭天地於圜丘大夫之妻曰命婦周禮始有之而謂天地圜丘恩及命婦爲黃帝之事可乎相人之術起於衰世而謂聖人以形辨貴賤正賢

吾爲神農之書可乎三墳六韜太公書也然其中雜援軍讖以足成之夫讖書起于戰國之後太公之時曾有之乎爾雅周公書也然其中有云張仲孝友張仲宣王之臣也周公安得載之爾雅左傳丘明書也然其中有云虞不臘矣夫臘之爲節秦始有之丘明安得紀之左傳汲冢周書也其周月篇則以日月俱起於牽牛之初夫自堯時日躔虛一度至漢太初曆始云起牽牛一度何周月而乃

爾時訓解則以雨水為正月中氣夫自漢初以前曆皆以驚蟄為正月中氣至太初曆始易之以雨水何時訓而云然子華子程本書也其語道德則頗襲老列之旨語專對則皆倣左氏之文是何彼此之偶合作聲詞似指漢武朱鳥芝房之事喻子東復竊韓愈宋元墓銘之意是何先後之相侔蒼頡篇李斯作也其曰漢兼天下海內并廁豨黥韓覆畔討滅殘然則漢事何以載於秦書此類甚多○

或摹古書而僞作或以己意而妄增至使好事之
流曲爲辯釋以炫其博是皆未之深考耳

○○秦之所以帝

尚論秦之帝者皆曰商君開塞耕戰范雎遠交近
攻此說似矣而非其要也及讀東坡策斷爲之躍
然策斷曰用兵有權權之所在其國乃勝是故我
欲則戰不欲則守戰則天下莫能支守則天下莫
能窺昔者秦嘗用此矣開關出兵以攻諸侯則諸

侯莫不願割地而求和諸侯割地而求和於秦秦人未嘗急於割地之利若不得已而後應故諸侯嘗欲和而秦嘗欲戰如此則權固在秦矣且秦非能強於天下之諸侯秦惟能自必而諸侯不能是以天下百變而卒歸於秦諸侯之利固在從也朝鬨陳軫之說而合爲從暮鬨張儀之計而散爲橫秦不然橫人之欲爲橫從人之欲爲從皆使其自擇而審處之諸侯相顧而終莫能自必則權之在

秦不亦宜乎

○○秦法棄灰有故

秦法棄灰於道者棄市此固秦法之苛第棄灰何害於事而苛酷如此蓋嘗疑之偶閱馬經馬性畏灰更畏新出之灰馬駒遇之輒死故石礦之灰往往令馬落駒秦之禁棄灰也其爲畜馬計耶一日又閱夏小正及月令乃畢得其說仲夏之月毋燒灰鄭氏注謂爲傷火氣是矣是月王須馬政游牝

別群是毋燒灰者亦爲馬也固知棄灰於道乃古人先有此禁但未必刑之如秦法古人惟仲夏乃行此禁秦或四時皆禁故以爲苛耳

○○秦不絕儒生與經籍

始皇之初非不好士亦未嘗惡書觀其讀李斯逐客書則亟毁初禁開闢以納之讀韓非說難則撫髀願識其人其勤於下士溺於好文如是其後焚書之令以淳于越議封建起坑儒之令因盧生輩竊

議時事而下要皆有所激而然也按是時陸賈酈
食其輩皆秦儒生陳勝起二世召博士諸儒生問
故皆引春秋之義以對亦三千餘人然則秦時曷
嘗不用儒生與經學耶後叔孫通降漢時有弟子
百餘人齊魯之風固未嘗替蕭何入咸陽收秦律
令圖書然則秦又曷嘗廢儒生與書籍耶後世不
明經者皆歸之秦火夫易固爲未燼之全書矣又
何曾有明全易之人哉昔人謂秦人焚書而書存

諸儒窮經而經絕蓋爲此發也詩有六亡篇乃六
笙詩本無其辭書有逸篇仲尼之時已無矣皆不
因秦火自漢已來書籍至於今日百不存一二非
秦人亡之也學者自亡之耳

○史紀秦焚書之令云詩書百家語皆焚之所不
去者醫藥卜筮種樹之書然六籍雖厄於煨燼
而得之口耳所傳屋壁所藏者猶足以垂世立
教千載如一日也醫藥卜筮種樹之書當時雖

未嘗廢錮而竟未嘗有一卷流傳於後世者以此見聖經賢傳終古不朽而小道異端雖存必亡初不以世主之好惡而爲之興廢也

○秦火後遺書

萬曆甲午司農郎葉公春及疏云孔子刪書斷自唐虞訖周典謨訓誥誓命之文凡百篇秦火後行于世者五十八篇耳秦始皇二十六年遣徐福發童女數千人入海求神仙徐福多載珍寶圖史至

海島得平原大澤止王不歸今倭其種也始皇三十四年始下焚書之詔故司馬光溫公倭刀歌曰徐福行時書未焚遺書百篇今尚存乞乘小西飛封敕之便及纂脩正史之時檄至彼國搜尋三代以前古書葉公此疏實非迂濶冊貽總錄雙槐歲秘亦嘗言及之矣陳眉公山居課兒有詩云兒曹莫恨咸陽火焚後殘書讀盡無

○夏君憲曰如此表章不枉邦葉公手疏也然秦

灰之後代有興書且其毀滅散逸于腐人之手者多矣有稍知收藏輒羣聚而笑之尚望其搜求于海外耶則謂葉公此疏爲空言可也

○○坑儒考

秦既焚書諸儒多謗怨召諸生至者皆拜爲郎凡七百人乃密令冬月種瓜于鉶谷中溫處瓜有實詔下博士諸生說之人人各異乃命就視之先爲伏機諸生各相難不能決因發機填之以土於乎

據秦之機焰，儒書與其人滅絕久矣，今二千年間何如哉。

○○秦世文章

秦王吞誅六雄，首釆李斯言，焚詩書，尊法吏，乃其所稱制，與金石之銘，猶郁郁乎文也。如李斯所撰嶧山碑，三句始下一韻，是釆芑第二章法；瑯琊臺銘，一句一韻，三句一換，是老子明道若昧章法。不意虐焰之後，文章猶復遵古如此，毋乃陽秉而陰用之耶。

○黔首之稱不自秦始

李斯刻石頌秦曰黔首康定。太史公因此語遂於秦紀謂秦更民曰黔首。朱子註孟子亦曰周言黎民猶秦言黔首。蓋因太史公之語也。然蔡統內經實先秦出。黔首之稱古矣。恐不自秦始也

○九鼎不爲秦用

威烈王時九鼎震。震者淪之兆也。鼎神物也。既能

震動則没入水理也宋大丘社亡亡者自亡也社能自亡則鼎能自没無疑使鼎誠在秦始皇又何必使人没水而求之也秦所禱金人有何靈爽猶潛然淚下於將徙況神禹之鼎乎神劍躍入平津湛盧飛去楚國鼎不爲秦用明矣故秦史旣書昭襄之世九鼎入秦矣而太史公秦紀又書始皇二十八年使千人没泗水求周鼎不獲也書法前後抵牾政使作後來者疑團耳

○長城不自始皇

長城之築非獨始皇自趙簡子時已起長城備胡矣秦昭王時築長城于隴西趙自代王亦築於陰山下蓋藉此以限隔華夷隄防中外似不爲過然內政不脩而區區外侮之禦以至竭天下之力亦愚矣雖然更繼秦者皆因其已成之勢而世加脩補之功始皇此舉要不爲無功於後人但始皇本謀固欲其子孫傳之無窮豈知身首其疲民亡國

者徒爲千萬世作役耶文郡縣之制亦不自秦按
左傳楚滅陳爲縣縣名始此
○立扶蘇無救於亡秦
或謂始皇旣沒高斯之亂不作得扶蘇而君之猶
可以濟不知中原赤子父子祖孫就羸氏鋒刃者
幾二百年卽有聖子聖孫嘘呵保護無及也
○
○秦亡不由兵弛
班史以銷鋒鏑弛武備爲秦之所以亡然秦之亡

非關於兵弛也當時盡吞六雄威震六合彼胡越僻在裔夷豈能爲纖芥之害而發百萬之師以戍之驪山阿房之役又復數十萬徒卒壯士虛耗糜爛於不切之役蓋側目倒戈相挺而竝起者皆秦兵也史記言先是諸侯吏卒繇戍屯使過秦中者秦中吏卒遇之多無狀及章邯以秦軍降諸侯諸侯吏卒乘勝多奴虜使之輕折辱秦吏卒秦吏卒多怨竊言諸將微聞其語以告項羽羽乃盡坑秦

卒二十餘萬人、夫此二十萬人者、即十餘年前王翦王賁等將之、以橫行天下、誅滅六雄者也、國有興廢、而士心之勇怯頓殊、異哉、然章邯之降也、特以畏趙高之讒、二世之誅、而其兵固非小弱、亦未嘗甚敗衂也、而此二十萬人者、亦復弭耳觧甲、而曾無異辭、雖明知必蹈禍機、反幸諸侯之入關以紓禍、所謂寡助之至、親戚叛之者歟、

○章邯未可輕

高祖自漢中東出司馬翳董欣望風稽顙獨章邯堅守廢丘踰年不下至於引水灌之然後破此豈脆敵哉惜其不知所事身名俱滅嚴尤之於王莽道覆之於盧循皆一律也

○○天亡秦

秦滅六國趙獨可慘長平之役戰而斬者四十餘萬降而坑者又四十餘萬卽於此時生一男子曰○○趙高先後殺始皇之二子而滅秦之宗祏生一女

子曰邯鄲姬陰以呂易嬴而莫之覺全盛一統之業忽然瓦解此兩人蓋從內亂之趙國之寃氣所化也秦滅六國楚獨無罪誘懷王而幽囚以死骨方未寒王翦六十萬人風驟雨至五湖七澤勢如破竹陸終熊繹之後蕩無孑遺即於此時生二男子於東楚曰陳勝吳廣生二男子于西楚曰劉季項籍奮臂大呼四方響應神都天闕三月飛煙七百年之基拱手付焉此四人者蓋從外取之楚國

之憤氣所化也孰謂天道瞶瞶耶

○陳涉泰民之湯武

陳涉之王也其事至微淺然縉紳先生抱祭器而往歸之張耳陳餘房君之徒又皆以興王之業說之至其不幸而敗史氏猶再三致意稱其所致王侯將相竟足以亾秦夫涉起謫戍而首事其大要不過偷一時之欲用軍行師未嘗有一日之規天下後世豈不當以興王之事責之舊史猶復云云

吁亦悲矣天下苦秦之禍故家遺俗豪人俠士喪氣畧盡乃其所不慮之戍卒猶能爲天下首事雖其人物卑陋事至微淺而古今猶幸之蓋積萬年之憾而發憤於陳王猶曰此秦民之湯武耳

○范增智不如兒女子

嬰母知廢陵母知興成敗之理雖婦人亦能知之漢非諸傑所得奪也居巢叟既知沛公有天子氣又曰亟擊勿失智出兩女子下矣又外黃舍人兒

年十三尚能説羽赦外黄當坑者居巢叟年已七十顧不能諫羽使戮子嬰殺義帝斬彭生坑秦二十萬衆智愚之相去何遠哉

○項氏之憂不在沛公

昔者鄧侯不殺楚文王而楚卒滅鄧楚子不殺晉文公而晉卒敗楚項籍不殺髙帝而漢卒誅項氏志士至今惜之嗚呼必殺其所忌而以得國則安知天下之禍將不出於其所不足忌者哉昔秦復

滅諸侯其所憂者六姓之遺士也於是不愛重寶致天下之豪傑而殲其黨始皇之爲計亦密矣而不知亂秦者則刑餘之弄臣而卒亡之者皆其不虞之廝隸戍卒也高帝定天下亦惟韓彭黥布易動而難蓄三人死宜果無事而祿産之孱弱幾盡天下由是觀之患不在於縱敵而多殺無益於弭寇彼范增者滋羽之暴徒欲斃漢於一擊即使得志而咽啞叱咤之雄其堪爲混一六合之主而無

後患乎吾恐項氏之爲祭不在沛公也

○相不足憑

舜重瞳子羽亦重瞳子不必皆仁句踐長頸烏喙禹亦長頸烏喙而長頸烏喙不必皆不仁也彼皮相者其足與論士乎

○○高帝入關有天幸

高帝之入秦也一戰於武關兵不血及而至咸陽此天也非人也秦之亡也諸侯並起爭先入關秦遣

章邯出兵擊之秦雖無道而其兵方彊諸侯雖銳
而皆烏合之衆其不敵秦明矣然諸侯皆起於群
盜不習兵勢凌籍郡縣狃於亟勝不知秦之未可
攻也於是章邯一出而殺周章破陳涉降魏咎斃
田儋兵鋒所至如獵狐兔皆不勞而定後乃與項
梁遇苦戰再三然後破之梁雖死而秦之銳鋒亦
畧盡矣然邯以爲楚地諸將不足復慮乃渡河北
擊趙邯既北而秦國内空至是秦始可擊而高帝

乘之此正兵法所謂避實而擊虛也懷王之遣沛公固當然非耶羽相持於河北沛公亦不能成功故曰此天命非人謀也

○高祖爲義帝發喪

漢高祖爲義帝發喪與曹操挾天子以令天下其事無乃相類不知爲義帝發喪因人之短而執之挾天子以令天下負己之有而挾之雖皆詭之爲名但一則豪傑起事舉動光明一則奸雄不軌蹤

跡暗昧爲義帝發喪無君之罪在項羽挾天子以
令諸侯無君之責在曹操
○○東君憲曰爲義帝發喪無大緊要只作口頭語
柄耳漢之興原不係此羽之立帝則是淺夫之
智甚無謂到後面勢不得不殺矣却便惹起許
多唇舌然羽不弑帝亦何救于烏江之敗也
○○漢王未嘗顛倒豪傑
漢王待九江王布踞洗召之已又供帳如王者蘇

老泉謂漢王能顛倒豪傑劉元城又以爲識先後着不知布既殺楚使又與楚戰又避楚間道來歸此時情勢布必無還楚之理故當踞洗時遂以踞洗見布雖大怒怕他走到那裏去非漢王故意傲布實算得布不得不就漢也其後帳御飲食從官之盛此招徠遠人之常事何足爲顛倒豪傑況踞洗亦是漢高謾駡故態亦是豁達大度之一節何暇思及先後着來

○高祖酧賁遺轅生

漢高祖大封功臣，所遺不獨紀信也。余考陸機漢高祖功臣頌曰：轅生秀朗，沉心善照。漢旆南振，楚威自撓。大畧淵回，元功響效。邈哉斯人，何識之妙。按漢書轅生說漢王曰：願君出武關，項王必引兵南走，王深壁，令滎陽成皐且得休，乃復走滎陽。如此則楚所備者多，力分，漢得休，復與之戰，破楚必矣。其後高祖未酧其賞，故史不列于功臣之數。陸機作頌乃儕之二十一人之列可謂發潛闡幽矣王應麟曰輳生說行而身隱鴻飛魚潛脫屣圭組遂希魯連近慕董公亦古之逸民矣不可與辯士說客並論也

○侯公碑考

侯公說項羽事漢書載本末不甚詳高祖以口舌遠之誠難能矣然世或恨其太寡恩宋葉石林有漢金鄉侯長君碑云諱成字伯盛山陽防人漢之

典也侯公納策濟太上皇於鴻溝之阨謚安國君曾孫龢封明統侯光武中興玄孫霸爲大司徒封於陵侯枝葉繁盛或家河隨或邑山澤然後知高祖所以待侯公者亦不薄唯不用之而已漢初群臣未有封侯者一時有功皆旋賜之美名號曰君有食邑如婁敬封奉春君之類是也後漢侯霸傳河南密人不言爲侯公後但云族父淵元帝時宦者佐石顯等領中書號太常侍霸以其仕爲太子

舍人蓋史之闕也漢之遺事古書無復可見而偶得於此知藏碑不爲無補也

○蕭何罷識

李斯以焚書亡秦蕭何以收圖籍興漢勝者之所用敗者之局也草莽角逐之時見秦府庫宮室之盛即沛公不能不垂涎何一刀筆吏固包習國家體要如此其罷度有越人者高祖論功以何爲第一眞第一也但發縱指示四字於何不切當歸子

房、

○○蕭何治未央宮有深意

高帝之都關中意猶豫未决嫌殘破故也何大建宮室以轉其機蓋不欲以攄形勢定根本正言於高帝恐費分疎耳正與買田宅自污意同、

○○漂母風旨與圯上老人同

漂母異人也其謂淮陰曰哀王孫而進食豈望報哉蓋微言以悟侯耳知侯之才足以立功又逆料

其不能居功、風旨大畧與圯上老人同、特後世無有窺見其妙者。

○韓信威名

漢高帝極厚信、亦極忌信、使信將、則以張耳監之、信下魏破代、則收其精軍、蓋漢實畏其能、故信卒不免。田肯有云、陛下已得韓信、又治關中、則知此兩事乃當時安危存亡之機、且信之威名使人畏之如此、其不亡何待、

○○韓信有後

廣南有韋土官者自云淮陰後當鍾室難作淮陰侯家有客匿其三歲兒知蕭相國素與侯知己不得已爲皇后所刼私往見之微示侯無後意相國仰天歎曰寃哉淚淫淫下客見其誠以情告相國驚曰若能匿淮陰侯兒乎中國不可居矣急跳南粤趙佗必能保此兒遂作書遣客匿兒于佗曰此淮陰侯兒公善視之佗養以爲子而封之海濱賜

姓韋、用韓之半也、今其族世豪于海壖閒、有鄭侯所遺之書、尉佗所賜之詔、勅之冎羈犬呂氏當惠帝末也、無血胤、而淮陰後至今存、是亦奇聞、史家不識也、惜其客名姓不傳、比於稚嬰則有幸不幸耳、此說出張玄、矜支離漫語、

○漢告反之侈封

漢告反之典、封列侯爲過盛、韓信彭越皆呂后使人告之也、而彭越舍人傳、不載姓名、其人亦不封

告信者樂説封愼陽侯享國五十一年至孫貫之而始棄市國絶告英布者賁赫封期思侯享國二十九年無後按告彭越舍人當是帝後知是呂后使故不封而愼陽過享乃爾天道似未有知也

張良未嘗爲韓

沙中一擊子房報韓之義盡矣祖龍死秦鹿失天下之勢非劉則項百韓成足輔乎以燒絶棧道爲爲韓者迂甚也秦項旣滅而英雄之恨猶[illegible]肯以[illegible]

戮謝世矣非然者信誅何辱良弗去將次及焉獨
爲韓乎哉

○余考荀子韓之張去疾篡臣也去疾爲張子房
祖去疾亂韓而子房能克蓋前愆爲韓復仇則
謂之始終爲韓亦無不可也

○漢高祖尊母不尊父

漢高祖得天下之五年二月即皇帝位先封高后
曰皇后子曰皇太子亦追其母曰昭靈夫人然婦

爲后而母爲夫人豈當時禮制尚未暇講耶時太
公乃遺而不封也不可解七年春正月又封劉賈
及兄喜暨弟交之子肥諸人爲王三月復趨丞相
差次大小功臣封之而太公復未議封即群臣亦
無一言及之何也逮帝五日一朝太公家令說太
公擁篲卻行帝乃大驚始下詔曰諸王通侯將軍
群卿大夫已尊朕爲皇帝而太公未有號今尊太
公曰太上皇帝是帝爲天子已七年而太公尚爲

庶人也。尤異矣。後十年太上皇帝崩。雖令諸侯國皆立太上皇廟。亦何益哉。更可異者。尤太上皇之號。秦始皇以封秦莊襄也。以死者之封封生者。季不讀書。信乎。

○高祖賜姓之陋

漢高祖嘗賜婁敬以劉氏。後世帝者。徒慕其主所爲。意其駕馭豪傑。或出於此。於是䟦扈之臣。與夷酋賊渠。例皆賜以國姓。謂之固結其心。而嗣君乃

屈帝側以下同於三者之賤取笑貽辱無以示天下威重此當時公卿大臣不學之過也

○○虞美人戚姬

宋鄭叔友論劉項曰項王有吞嶽意氣咸陽三月火骸骨亂如麻哭聲慘怛天日眉容不斂是必鐵作心肝者然當垓下訣別之際寶區血廟了不經意惟眷眷一婦人悲歌悵飲情不自禁高帝非天人歟能決意於太公呂后而不能決意於戚夫人

杯羹可分、則笑嫚自若、羽翼已成、則欷歔不止、乃知尤物移人、雖大智大勇者、而不能免、況其下者乎、

○夏君憲曰、如此情景、正是大智大勇、做的、道學先生、又着幾般嘴臉護過去矣、不然、則所謂最下不及情也、

○漢初封計戶口

漢高祖懲戒亡秦孤立之弊、故大封同姓、聖人謂

百世損益可知此類是也周以封建亡故秦必損之秦以不封建亡故漢必益之事勢相因之至於此乘漢初戶口減少封諸王時計戶而不計地故封三庶孽分天下半其後戶口日蕃所以疆大

○高祖竟王劉濞

劉濞之王吳高祖知其必反而復遣之此高祖德性規摹所以大於唐太宗漢光武之二君以讖緯多殺不甚爲累大矣

○呂后邪謀在暮年

高帝欲易太子或曰呂后陰悍高帝恐其爲變故欲立趙王此殊不然自高帝之時言之計呂后之年當死於惠帝之手呂后雖悍亦不忍奪之其子以與姬惠帝既死而呂后始有邪謀此出於無聊耳高帝安得逆知之

○夏君憲曰悍婦只圖快意管甚親兒女唐武曌可見也知婦莫若夫高帝如何不逆料來

○平勃未可議

予家羈不欲昭公與季氏立異予家羈豈黨季氏者乎陳平周勃不與呂氏立異平勃豈黨呂氏者乎狄仁傑不與武氏立異仁傑豈黨武氏者乎今人既亮二子之心則不得復議平勃之迹雖然此可與知者道

○四皓賜碑

四皓有羽翼太子之功其沒也惠帝爲之製文立

碑此乃上世人主賜葬人臣恤典之始通典文獻通考皆不之載而四皓碑目集古錄金石録鄭樵金石畧皆遺之獨見于任昉文章緣起

○左右袒所以令衆

爲呂氏右袒爲劉氏左袒昔人頗有以絳侯爲失計者不知勃老將也已預知衆心之歸劉氏而不能無疑於呂氏之有黨蓋令一下而或間有右袒者或遲疑未左者立誅之以令衆如楊素朱滔之

舉耳豈至此而始覘人心之向背哉

○漢文賜吳王几杖

漢文時吳王不朝賜以几杖此與唐之陵夷藩鎮邀節旄者何異不知文帝時權綱在上伸縮由己唐一向姑息權柄倒持于下予奪由人兩事不可同日語

○○淮南厲王未嘗反

淮南厲王驕恣不奉法則有之以爲謀反則未也

以文帝時天下治平有若金甌卽病狂喪心者亦何敢以蕞爾彈丸之地而與之抗且夫男子七十人輦車四十乘反當何所為也使閩越匈奴以市明珠良馬或有之矣越數千里之外徼荒服之夷虜而為期會欲與其人相應合世固無是理也當是時天下之人實知之以故文帝之賢厲王之暴而尺布斗粟之謠所由起不然文帝亦何至終愧悔耶

○○文帝奢儉之異

前史稱漢文帝節儉身衣弋綈集上書囊爲殿帷所幸愼夫人衣不曳地此三事以人主行之可謂陋矣然賜鄧通以十數鉅萬又以銅山與之此又何也

千百年眼卷四終

千百年眼卷第五

瀟湘張　燧和仲纂

福唐商家梅孟和閱

○文帝用賈生

孝文時山東之國齊七十二城楚四十城吳五十城三國之中齊爲尤大悼惠王復子多而材呂氏之亂哀王襄欲舉兵西向則關中爲之震恐且有自帝之謀其弟朱虛東牟且將爲內應幸諸呂也

誅文帝正位而其謀遂寢然則帝卽位之後諸侯之勢踈而逼地大而可忌者莫如齊爲盛文帝豈不慮及此故雖盡復呂后所奪齊地而卽割其二郡以王城陽濟北逮濟北以搆逆誅文王絕世則盡以齊地分王悼惠之六子卽賈誼所謂各受其祖之分地地盡而止天子無所利焉者也及孝景時與楚爲逆悼惠王之子孫所謂六王者皆預其謀然俱以國小兵弱故齊與濟北雖豫密謀而終

不敢發膠東膠西濟南淄川僅能出兵圍齊及漢兵出則各已潰散吳楚既無鉅援定其速敗使齊地不早分以一壯王全據七十二城之甲兵與吳楚合從西向漢之憂未艾也孰謂誼言不見用而文帝爲無謀哉

○○按賈誼傳長沙絳灌之屬害之也史謂其以謫去定耳其爲梁懷王太傅也帝自以爲不及故也王文帝愛子故以屬誼王墮馬死誼自傷爲

傳無狀不忍負帝委托之重故哭泣而死後之覽者徒執誼謫長沙一節爲誼嘆息謂帝終不用生悞矣

○過秦論出丹書

賈長沙過秦論末所云仁義不施而攻守之勢異爲宋儒所笑不知其原出於丹書也曰仁得之以仁守之其量百世以不仁得之以仁守之其量十世以不仁得之以不仁守之必及其世可見讀書

不多求可輕議古人。

○賈生厚德

漢文欲任賈誼公卿絳侯之屬皆害之其後人告絳侯反繫獄誼言待大臣無禮以諷之而帝亦悟洛陽少年可謂有先民之遺風矣

○宣室不宜名齋殿

淮南子云桀囚於焦門悔不殺湯於夏臺紂拘於宣室悔不誅文王於羑里果爾則宣室乃繫所也

漢不宜以名齋殿、

○○趙蓋韓楊之寃不由廷尉

張釋之爲廷尉天下無寃民于定國爲廷尉民自以爲不寃若趙蓋韓楊之死謂之不寃可乎不知漢公卿有罪未必悉下廷尉自有詔獄多丞相御史大夫治之或下中二千石雜議廷尉所謂平者非必皆寛縱之謂剛不吐柔不茹者平也以趙蓋韓楊之死歸罪張于者亦浪說耳

○李廣無長者風

李將軍廣閑居霸陵每日遊獵飲酒必夜乃歸霸亭吏呵之從者曰故李將軍吏曰今李將軍亦不得夜行況故乎廣竟止宿亭下其年匈奴入塞詔起李將軍出右北平廣請霸亭吏隨次日殺之嗚呼廣之不侯纔獨殺羌降者而霸亭一事殊無長者之風此後之所以多不振也

○○夏君憲曰怏佒報怨武弁常態也且霸亭吏亦

亦何可殺炎涼小人何足以累長者

○○文帝不能用李廣

漢文帝見李廣曰惜廣不逢時令當高祖世萬戶侯豈足道哉帝蓋識廣才矣自以其時海內乂安不事兵革廣之才無所用之爾末年匈奴入上郡雲中烽火通于甘泉長安遣將軍令免屯飛狐蘇意屯句注張武屯北地周亞夫次細柳劉禮次霸上徐厲次棘門以備胡史稱其選用材勇亦為勤

至而不及廣上之自勞軍也亞夫則眞將軍而霸上棘門兒戲爾是時廣不知何在以廣爲之其不賢於劉禮徐厲輩耶令免蘇意張武固亦不聞立功於景武之世者也

○文帝復行族誅之法

漢初時雖約法三章然大辟尚有夷三族之令高后元年旣除之矣其後孝文與平勃熟計盡除收帑相坐律令非甚盛德哉乃新垣平謀爲逆復行

三族之誅哉班史曰以孝文之仁平勃之知猶有過刑蓋指此也自是族誅之法景武每輕用之袁盎陷晁錯但云方今計獨有斬晁錯耳而景帝使丞相以下劾奏遂至父母妻子同產無少長皆棄市主父偃陷齊王於死武帝欲勿誅公孫丞相爭之遂族偃郭解客殺人吏奏解無罪公孫議族解則皆未嘗族新垣平啓之也史謂孝文時斷獄四百有刑錯之風若新垣平一事其不免爲盛德之

累乎、

○○短喪不自文帝

後之儒者皆以爲短喪自孝文遺詔始以爲深譏考之三年之喪自春秋戰國以來未有能行者矣子張問曰書云高宗諒闇三年不言何謂也子曰何必高宗古之人皆然蓋時君未有行三年喪者故子張疑而問之夫子荅以古禮皆然蓋亦嘆今人之不能行也滕文公問喪禮於孟子欲行三年

之喪父兄百官皆不欲曰吾宗國魯先君莫之行吾先君亦莫之行也魯最爲秉禮之國夫子稱其一變可以至道而尚不能行此則他國可知漢初禮文大率皆承秦舊秦無禮義者也其喪禮固無可考然杜預言秦燔書籍率意而行上抑下漢祖草創因而不革乃至率天下皆終重服旦夕哀臨經罹寒暑禁塞嫁娶飲酒食肉制不稱情是以孝文遺詔斂畢便葬釋其重服而爲大功小功纖

薄其久臨而爲三十六日詔語忠厚懇惻與異時振貸勸課等詔皆仁人之言豈可訾也帝之詔固不爲嗣君而設而景帝之短喪亦初不緣遺詔也蓋古者天子七月而葬諸侯五月而葬雖通喪必以三年然亦以葬後爲節吉之漸滕文公五月居廬未有命戒蓋孟子雖誨以三年之喪而文公僅能於五月未葬之前守諒陰之制耳然亦當時所無也至秦始皇以七月崩于沙丘九月葬漢高祖

崩凡二十三日而葬，葬之一日而惠帝即位。文帝崩凡七日而葬，葬之三日而景帝即位。蓋景帝之所遵者惠帝之法，惠帝之所遵者春秋以來至亡秦之法耳，豈孝文遺詔爲之乎

○七國緩削則不反

漢景初年七國後強，鼂錯之議曰削之亦反，不削亦反。愚則曰亟削則必反，緩削則可以不反。濞以壯年受封，至是垂老矣，寬之數年，濞之木拱則首

難無人七國雖強皆可以勢恐之也錯不忍數年之緩暇欲急其攻而躑躅爲之身殞國危取笑天下俚語曰貪走者蹶貪食者噎其錯之謂耶

○袁盎幸免

漢殺錯餌七國以求罷兵卑亦甚矣盎欲快私讎不顧國體小人情態迄今有餘恨也後說不售當誅獲幸免者帝失刑也而竟死于刺客孰謂天道無知哉

○○亞夫之死以忌

史稱漢景帝欲侯后兄王信周亞夫爭之帝默然而沮匈奴降者五人帝亦欲侯之亞夫曰彼背其主而侯之何以責人臣不守節者乎上曰丞相議不可用悉封降者五人爲侯卒以此致禍不知帝殺亞夫意不在是帝春秋高太子幼而亞夫負震主之威挾不賞之功亞夫不死帝不瞑目也故曰鞅鞅非少主臣帝本心於茲露矣漢興以來獨勃

父子俱有安社稷之功勃幾死而不死亞夫竟死
之走狗良弓之喻所從來矣

○竇太后專制

漢母后豫政臨朝不必少主雖長君亦然竇太后
好黃老惡儒士儒士多不得進趙綰王臧欲助上
興制度則發其姦利竄之竇嬰兄子也惡之則除
門籍喜之則爲相又灌夫罵坐則不食論棄市愛
梁孝王則誦言請立爲嗣不顧太宗之重韓嫣帝

所貴也太后欲殺之則帝不能救可謂司晨預事矣

○武帝紀元

自武帝立年號以紀元改秦政而用夏吾知千萬世而下湯武復興不能易也何者漢非用夏也蓋用古曆也殷周未有改元之法此子丑之所由建武帝易之而爲年號有年號以明曆數之歸也以示天下之從違雖易代之法不過如此又必復建

子建丑以爲贅乎此新莽曹魏唐肅宗所以隨廢而隨廢也吁孰謂武帝之智猶有殷周之所不逮者哉

○武帝封建多不克終

漢之封建其子之甚艱而奪之每亟至孝武之時侯者雖衆率至不旋踵而褫爵奪地方其外事四夷則上遵高帝非功不侯之制於是以有功侯者七十五人然終帝之世失侯者已六十八人其能

保者七人而已及其外削諸侯則采賈誼各受其祖之分地之說於是以王子侯者二百七十五人然終帝之世失侯者已一百十三人其能保者五十七人而已外戚恩澤侯者九人然終帝之世失侯者已六人其能保者三人而已功臣外戚恩澤之失侯也議曰予奪自我王子之失侯則是姑假推恩之名以析之而苛立黜爵之罰以奪之吁亦太刻矣

○○太常卿用侯

漢自武帝以後、唯太常一卿、必以見侯居之、而職典宗廟園陵、動輒得咎、由元狩以降、以罪廢斥者二十人、意武帝陰欲損侯國、故使居是官以困之、○觀表中所載、鄲侯蕭壽成坐犧牲瘦、蓼侯孔臧坐衣冠道橋壞、大畧自鄲侯至牧丘、十四侯皆以小故奪國、此亦鋤擊之術也、

○漢和親與宋歲幣等

自古邊防莫強於漢乃和親一事至以天子之尊與匈奴約爲兄弟帝女之號與胡媼並御蒸母報子從其汙俗而漢之君臣皆莫之恥此其辱與趙宋之歲幣寧有差別乎顧漢武能雪平城之恥其後雖以哀平柔懦猶能令呼韓超顙宋眞不能極澶淵之討遂至徽欽北狩其後竟折而入於夷則其得失大較覩矣腐儒小生猶以窮黷爲漢武罪此李卓老所謂滅却一隻眼睛也其可其可

○申公不知止

竇嬰田蚡俱好儒雅推轂趙綰王臧迎魯申公欲設明堂令列侯就國除關以禮爲服制欲以興太平會太后不悅綰臧下吏嬰蚡所爲其名亦善矣然嬰既沾沾自喜蚡又專爲利太平豈可以文致乃成哉申公始不能用穆生言爲楚人所辱亦可以少懲矣晚乃爲嬰蚡起又可一笑鳳凰翔于千仞烏鳶彈射不去誠非虛語也

○司馬安拙宦

司馬安四至九卿當時以爲善宦以今觀之則謂之拙宦可也彼汨喪廉耻廣爲道徑者不數年至公相矣安用四至九卿哉

○卜式不習文章

漢方事匈奴而卜式願輸助邊方事南越而式願父子俱死天下方爭匿財而式尤欲就助公家之費凡式之所樂爲者皆衆人之所難爲而武帝之

所欲爲者式輒揣其意而逆爲之故天下因式獲罪者千室而九而式之褒寵眷遇自以爲有用於天下及武帝當封禪而式獨以不習文章見棄式乎何不先衆人而爲之乎

○田千秋之賢

漢武帝征和二年大鴻臚田千秋曰方士言神仙者甚衆而無顯功請皆罷遣之上曰大鴻臚言是也後對羣臣云天下豈有神仙盡妖妄耳實千秋

啓之也嗚呼千秋能申戾太子之寃而罷方士之姦亦賢矣世猶以一言取相少之何其不恕耶雖然戾太子寃狀發之者壺關三老也武帝酬賞不及而千秋乃繼踵取卿相亦所遇之幸耳

○○漢武憐才

自古文章於人主未必遇遇者政不必佳耳獨司馬相如於漢武帝奏子虛賦不謂其今人至歎曰朕獨不得此人同時哉奏上八人賦則大悅飄飄有

秀靈之氣馭游天地間既死索其遺稿得封禪書覽而異之此是千古君臣相遇令傳粉大家讀之且不能句矣下此則隋煬恨空梁於道衡梁武絀徵事於孝標李朱崖至屏白香山詩不見曰見便當愛之僧虔拙筆明遠累辭於乎忌矣後世覓一解忌人了不可得

○司馬相如美人賦

居常讀司馬相如美人賦至弱骨豐肌時來親臣

臣乃氣服于内心正于懷信誓旦旦秉志不回則
倉袂呼長卿長卿擬爾所言眞男子不啻也其在
卓氏前邪後邪可發一笑、
○夏君憲曰想當時美人必不遠卓氏遠矣卓非獨
以色幸也李卓老論之詳矣、
○○視草之義
古人稱視草者謂視天子所草也古者詔令多天
子自爲之特令詞臣立於其側以視所草何如耳

故漢武帝詔淮南王令司馬相如視草非令相如代筆也今典制誥者皆代天子筆非視草之義而稱視草不亦謬乎

○董仲舒忠質文之說甚謬

漢儒謂三代所尚之政不同蓋自仲舒倡之也然求之詩書易春秋之經驗之孔孟之言則無是說也春秋之時周衰甚矣夫子乃曰周監于二代郁郁乎文哉吾從周何漢儒厭周文之弊而夫子反

從之何夫子不患小人之僿而漢儒乃孜孜言之嗚呼陋哉漢儒之見也斯人禽獸草木如也聖人有憂之乃爲之綱紀法度典章禮樂以維持之故謂之文文也者所以使萬物各有條理而不相瀆亂也是以書稱堯爲文思舜爲文明禹爲文命夫子於堯亦曰煥乎其爲文章謂至此而後變朴而爲文物大中之道始見也由堯舜至於三代天下日向於文蓋民之巧僞日滋先王防閑之制俱密

而文日以盛故夏商之文比堯舜爲有間周之文比夏商爲尤盛上古抨豚燔黍君民竝耕之俗至堯舜而始革堯禹茅茨土階卑宮土墻之制至周人而始變是以孔子以周視二代獨郁郁也二代非不曰尚於文而不若周之大備由後世觀之謂之忠謂之敬可也若曰夏政尚忠商政尚敬則非矣夫文果離於忠與敬乎忠與敬又可離於文乎記曰虞夏之文不勝其質商周之質不勝其文此

言三代之文質故有以相勝耳非有所偏尚也觀周之治文武成康之世上下輯睦順指如意則文之振也穆昭而下王室日衰下多離叛則文之不振也是以序詩者以君臣上下動無禮文為幽王之亂以天下蕩蕩無綱紀文章為厲王之亂使周衰斯文不廢則冠婚享射之制存而乖爭之俗不作矣朝覲聘問之禮存而倔強之國不聞矣國家宮室車旅衣服之有等則僭擬之風不起矣號令

賞罰政令紀律之既行則統御之權不失矣豈至於亂乎所以聖人必欲從周者以爲救糾紛者莫若用文之爲先也柰何反以三代各有尚而周衰爲文之弊耶

○太史公權衡

史記刺客傳序聶政事極其形容殆自抒其憤激云耳於年表則書盜殺韓相俠累蓋太史公之權衡審矣田單傳敘王蠋事至以齊存亡係一布衣

孰謂太史之退節義乎又如列孔子於世家列老
子於列傳而且與申韓相埒亦曷嘗先黃老而後
六經哉然則後人之譏遷者悉臆語也
○○史遷文章賓主
陳仕子曰漢初不知尊孟子遷也以孟荀同傳已
爲不倫更以騶子淳于髡等雜之何卑孟邪不知
史法有牽連得書者有借客形主者太史公嘆孟
子所如不合而騶子淳于髡之流棼棼焉尊禮於

世正以見碔砆輕售而璞玉不剖汗血空良而駑馬競逐其寄慨深矣任子反見謂爲卑孟是不知文章之賓主故也

○○太史公知己

趙汸曰史遷平準書譏橫斂之臣也貨殖傳譏好貨之君也按漢武帝五十年間因兵革而財用耗國財用而刑法酷迨至末年平準之置則海內蕭然戶口減半戕民之禍于是爲極遷備著始終相

因之變特以平準名書而終之曰亨弘羊天乃雨嗚呼旨哉汸可謂太史公知己矣

○史記多為後人淆亂

太史公歿於武帝末年而賈誼傳言賈嘉最好學至孝昭時列為九卿相如傳引楊雄以為靡麗之賦勸百風一又公孫弘傳在平帝元始中詔賜弘子孫爵徐廣注謂後人寫此以續卷後然則史記一書為後人所淆亂多矣

〇〇余又考後漢楊終傳云肅宗時終受詔刪太史公書爲十餘萬言則今之史記非遷本書可知也何怪其淆亂雜出也

〇〇史遷不解作賦

史遷載子虛上林以其文辭宏麗爲世所珍而已非眞能賞咏之也觀其推重賈生諸賦可知貫暢達用世之才耳所爲賦自是一家太史公亦自有士不遇賦絕不成文理千秋軼才竟絀于雕蟲小

技人各有所能不可強耶

○武帝遺命

自古帝王遺命多矣要未有如漢武之奇者托國于素無名譽之人期功效於數十年之後若持左券此豈尋常尺度所得窺耶武帝更有一奇不冠不見黯雖以丞相大將軍之貴不敢望也故使長孺不死負斧之圖不在子孟也

○武帝神智

漢武帝册封諸子其策書皆帝親筆于燕王曰悉爾心毋作怨毋作棐德燕王果以怨望欲與上官桀桑弘羊等謀殺霍光廢帝而自立事發上官桑氏俱族燕王自殺國除于廣陵王曰大江之南五湖之間其人輕心爾毋邇宵人廣陵亦以近小人亡國如此神智眞不媿祖武矣

○○蘇武娶胡婦有見

蘇子卿娶胡婦卒蒙後世訾議私竊疑之新安文

獻志載宋建炎中，有朱勔者，以校尉隨奉使行人在粘罕所，數日便求妻室，粘罕喜，令於所虜內人中自擇。勔擇一最陋者，人皆莫曉，不半月，勔遂逃去。人始悟求妻以固粘罕，使不疑，受其陋者，無顧戀也。子卿之妻於胡，得無朱勔之見耶。

○霍光疏昌邑王之罪

觀昌邑王與張敞語，眞清狂不慧者耳，烏能爲惡。旣廢則已矣，何至誅其從官二百餘人。意其中從官必有謀光者光知之故立廢賀非專以淫亂故也二百人者方誅號呼於市曰當斷不斷反受其亂此其有謀明矣特其事秘史無緣得之著此者亦欲後人微見其意也武王數紂之罪孔子猶且疑之光等數賀之惡可盡信哉

○○交道之弊

今之論交者皆曰王貢蕭朱若以此爲第一義夫彈冠結綬時勢相依正今士之弊而乃以爲至交

傷哉益以見世之無交也

○○西漢文章之陋

西漢自王褒以下文字專事詞藻不復簡古而谷永等書雜引經傳無復己見於是古學益遠文章好用事自鄒陽始而太史公云比物連類有足多者豈意其遂爲方便法門耶至於今日則末流之濫觴矣

○○漢用吏胥之效

漢有天下平津侯樂安侯輩皆號爲儒宗而卒無所表見至其卓絶俊偉震耀四海者類出於吏胥中如趙廣漢河間之郡吏也尹翁歸河東之獄吏也張敞太守之卒吏也王尊涿郡之書佐也是皆雄俊明博出可爲將而內可爲相然則何吏胥之多賢耶夫吏胥之人少而習法律長而習獄訟老姦大豪畏憚懾伏吏之情狀變化出入無不諳究因而官之則豪民猾吏之弊表裏毫末畢見於外

無所逃遁而又上之人擇之以才遇之以禮而其志復自知得自奮於公卿故終不肯自棄於惡以賈罪戾而敗其終身之利故當此時士君子皆優爲之而其間自縱於大惡者大約亦不過幾人而其尤賢者乃至成功而後世顧以爲雜流此士大夫所以爲恥而不肯爲也

○○趙充國屯田是計

趙充國屯田事乃兵家計策不惟宣帝與漢庭諸

公先零罕开爲所惑班固亦不識其幾漢用兵皆
調發圭部國千里行師遇虜輒北今罕开等羌亦
爲合充國知其不能久故欲以計挫之但云兵難
隃度願至金城圖上方畧又曰明主可爲忠言兵
當以全取勝及到彼但欲爲留屯計凡與漢庭往
復論難者不過糧草多寡耳幾初不露也羌人見
其設施出於所料之外實不可久留故輸欵而退
趙亦奏凱而還在邊不過自冬徂夏元不曾收得

一粒穀想亦不曾下種不然五月穀將穗那肯留以遺羗耶學者不以時刻考之每語屯田必爲稱首可笑

○○陳湯之功不當以矯制廢

陳湯之功千古無兩而議者以矯制罪之不知所惡夫賞矯制而開後患者謂其功可以相踵而比肩者也陰山之北凡幾單于自漢擊匈奴以來得單于者幾人終漢之世獨一陳湯得單于耳其不

可常徼幸而立功者如此此誠使裂地而封湯且著之令曰有能矯制斬單于如陳湯者無罪而封侯吾意漢雖欲再賞一人焉更數十年未有繼也如此則上足以尊明陳湯之有功顯褒而不疑而下不畏未來生事要功之論計之善者也惟其爲說不明故阻功之徒乘間而竊議其後英雄志士所以息機於世變之會也

○○二疏之去以許伯

蕭望之爲元帝傅與石顯爲仇卒爲石顯所陷疏廣亦爲元帝傅與許伯爲惡而許伯莫能肆其毒蕭疏事體一同而安危異者去就之勢異也且元帝仁柔不斷疏傅蓋熟察其爲人故一旦引知足之分父子相携而去之人徒知疏傅之去爲高而不知所以去者蓋以此耳

○○言災異不當著事應

孔子於春秋著災異不著事應者何蓋旁引物情

曲指事類不能一一皆合偶有不然人君將忽焉而不之懼聖人於此自有深意也自劉向釋洪範析天下災祥之變而推之於金水水火土之域乃以時事之吉凶而曲爲之配此之謂欺天之學況周得木德而有赤烏之祥漢得火德而有黃龍之瑞此理又如何邪豈其晉厲公一視之遠周單公一言之徐而能關於五行之沴乎如是則五行之繩人甚於三尺矣

○歆向廢圖譜之學

河出圖天地有自然之象洛出書天地有自然之理二者不可偏廢也圖經也書緯也一經一緯相錯而成文相須而成變化見書不見圖如聞其聲不見其形見圖不見書如見其人不聞其語圖至約也書至博也即圖而求易即書而求難故學者爲學置圖於左置書於右索象於圖考理於書則入亦易爲學亦易爲功後之學者離圖即書尚

謂務說故雖平日胸中有千章萬卷及寘之周行執事之間則茫然不知所向秦人雖棄儒學未嘗棄圖書誠以爲圖之具不可一日無也蕭何知取天下易守天下難故入咸陽先取秦圖書一旦干戈既定文物悉張由是蕭何定律令而刑罰清韓信申軍法而號令明張蒼定章程而典故有倫叔孫通制禮儀而名分有別夫高祖以馬上得天下一時武夫役徒知詩書爲何物而此數公文非老

師宿儒博通古今者非圖書有在指掌可明見則
一代之典未易舉也況是時挾書之律未除屋壁
之藏不啓所謂書者有幾無非按圖之效也後世
書籍既多儒生接武及乎議一典禮有如聚訟翫
歲惕日紛紛紜紜縱有所獲披一斛而得一粒所
得不償勞矣此其失實自歆向啓之漢初典籍無
紀劉氏創意總括羣書分爲七畧只收書不收圖
藝文之目遞相因襲故天祿蘭臺三館四庫內外

之藏。但聞有書而已。蕭何之圖自此委地。後之人將慕劉班之不暇。故圖消而書日盛。惟任宏。後兵書一類分爲四種。有書五十三家。有圖四十三卷。載在七畧。獨異于他。宋齊之間。羣書失次。王儉於是作七志以爲之紀。六志收書。一志專收圖譜。謂之圖譜志。不意末學而有此作也。且有專門之書則有專門之學。有專門之學則其學必傳。其書亦不失。任宏之畧。劉歆不能廣之。王儉之志。阮孝緒不能續之孝緒作七錄錄散圖而歸部錄襍譜而歸記注蓋積書猶調兵也聚則易固散則易亡積書猶賦粟也聚則易贏散則易乏按任宏之圖與書幾相等王儉之志自當七之一孝緒之錄雖不專收猶有總記內篇有圖七百七十卷外篇有圖百卷未知譜之如何耳隋家藏書富於古今然圖譜無所繫自此以來蕩然無紀至唐虞夏商周秦漢上代之書具在而圖無傳焉圖既無傳書復日

參藝學者之難成也天下之事不務行而務說不用圖譜可也若欲成天下之事業未有無圖譜而可行于世者

○○圖譜之益

世無圖譜人亦不識圖譜之學張華晉人也問以漢之宮室千門萬戶其應如響時人服其博物張華固博物矣此非博物之效也見漢宮室圖焉武平一唐人也問以魯三桓鄭七穆春秋族系無有

遺者，時人服其明春秋，平王固熟於春秋矣，此非明春秋之效也，見春秋世族譜焉，使華不見圖，雖讀盡漢人之書，亦莫知前代宮室之出處，使平王不見譜，雖誦春秋如建瓴水，亦莫知古人氏族之始終，當時作者，後世史臣，皆不知其學之所自，遠鄭淶滦見楊佺期洛京圖，方省張華之由，見杜預公子譜，方覺平王之故，由是而知圖譜之學，學其術益宏矣，今之學者，此類都成廢閣，何怪其博洽

遠古人也歆向之罪可勝討乎

千百年眼卷第五終

千百年眼卷第六

瀟湘張　燧和仲纂
安成劉俊德司中閱

漢儒解經之陋

易本卜筮之書也後之儒者知誦十翼而不能曉占法禮本品節之書也後之儒者知誦戴記而不能習儀禮何哉義理之說太勝焉耳春秋戰國之時去古未遠先王禮制不盡淪喪故巫史卜祝小

夫賤隸皆能知其數而其義則非聖賢不能推明之及其流傳既久所謂義者布在方册格言大訓炳如日星千載一日也而其數則湮沒無聞久矣姑以漢事言之若詩若禮若易諸儒爲之訓詁轉相授受所謂義也今訓詁則家傳人誦而制氏之鏗鏘徐生之容京費之占無有能知之者矣蓋其始也則數可陳而義難知及其久也則義之難明者簡編可以紀述論說可以傳授而所謂數者一

日而不肆旨則亾之矣數既亾則義孤行於是疑儒者之道有體而無用曷足怪哉

○○古易

古人欲發明聖賢經傳皆自爲一書不以相附孔子作十翼以賛易而王弼乃以十翼雜於經文不知易文有韻不可以他語間之且伏羲有伏羲之易文周有文周之易孔子有孔子之易又有難强同者故朱子作本義以還其舊成化間一俗儒復

分散如王弼本義舉者便之至今遂不復見易之原文良可嘆也宋人云晁說之作古易彖象別異于卦爻欲學者不執彖以論卦不執象以論爻語爲得之然謂古易作於說之甚謬

○尚書古文今文辨

國子學正梅鷟曰尚書惟今文四十二篇傳自伏生口誦者爲眞古文十六篇出孔壁中者盡漢儒僞作大抵依約諸經論孟中語併竊其字句而緣

飾之其補舜典二十八字則竊易中文明詩中溫
恭允塞等成文其作大禹謨后克艱厥后臣克艱
厥臣等句則竊論語爲君難爲臣不易成文惟精
惟一允執厥中等句則竊論語允執厥中等語成
文徵苗誓師贊禹還師等原無此事舜分北三苗
與竄三苗于三危已無煩師旅僞作者徒見舜典
有此文遂模倣爲誓召還兵有苗格諸語益稷賡
歌亦竊孟子手足腹心等句成文其外五子之歌

竊孟子忸怩之語泰誓三篇取語孟百姓有過在予一人若崩厥角稽首之文其外胤征仲虺之誥湯誥伊訓太甲咸有一德說命武成諸篇文多淺陋必非商周之作相傳共王壞孔子宅欲以爲宮而得之不知竹簡漆書豈能支數百年之久聲簡絲竹八音是何人作尤謬妄不經之甚也按此說甚精梁文正公有敘錄揭曼石稱其綱舉目張如禹之治水後歸熙甫訪其意釐爲今文近時焦竑

侯又見趙子昂眞蹟一卷亦具論此且云分古文今文而爲之集註乃知人心有同然也

○毛鄭說詩之妄

周頌昊天有成命曰二后受之成王不敢康所謂二后者文武也則成王者成王也猶文王之爲文王武王之爲武王也然則昊天有成命當是康王也後之詩而毛鄭之說謂頌皆是成王時作遂以成王爲成此王功不敢康寧執競曰執競武王無

競維烈不顯成康上帝是皇自彼成康奄有四方所謂成康者成王康王也則夫執競者當是昭王已後之詩而毛鄭謂是武王時作各出其意以皆就其說而意又不同毛以爲成大功而安之鄭以爲成安祖考之道若此者使後世何所適從哉噫以爲成王康王則於詩文理易通如毛鄭[illegible]之說則文義不完而難通然學者捨簡而從迂[illegible]而從曲捨易通而從難通或信焉而不知其[illegible]或疑焉

而不敢辨者以時世既遠茫昧而難明也

○衛宏序詩之謬

漢人立學官講詩專以義理相傳是致衛宏序詩以樂爲樂得淑女之樂淫爲不淫其色之淫哀爲哀窈窕之哀傷爲無傷善之傷如此說關雎則洋洋盈耳之旨安在乎

○聲歌之妙至晉而亾

兩漢之言詩者惟儒生論義不論聲而聲歌之妙

猶傳於瞽史經董卓赤眉之亂禮樂淪亾殆盡魏人得漢雅樂郎偆能歌文王鹿鳴騶虞伐檀四篇而已太和之末又亾其三惟有鹿鳴至晉又亾自鹿鳴亾後聲詩之道絕矣夫詩之本在聲而聲之本在興鳥獸草木乃發興之本漢儒之言詩者既不論聲又不知興故鳥獸草木之學廢矣

○楊榷始末辨

楊子雲古以比孟荀紫陽氏著通鑑綱目直書之

曰莽大夫楊雄蓋舉市國之褚淵歷姓之馮道所未嘗加者而加之不知雄至京見成帝年四十餘矣自成帝建始改元至天鳳五年計五十有二歲以五十二合四十餘已近百年則與所謂年七十一者又相牴牾矣又考雄至京大司馬王音奇其文而音薨永始初年則雄來必在永始之前無疑然則謂雄爲延於莽年者妄也其云媚莽妄可知矣按雄郫縣人郫人簡公紹芳辯證尤悉簡引

桓譚新語曰雄作甘泉賦一首夢腸出收而內之明日遂卒而祠甘泉在永始四年雄卒永始四年去莽篡尚遠而劇秦美新或出於谷子雲然考之法言云漢興二百一十載爰自高帝至平帝末蓋其數矣而謂雄卒永始亦未必然計雄之終或在平帝末則其年正七十餘矣因雄歷成哀平故稱三世不徙官若復仕莽詎止三世哉繇是知雄决無仕莽投閣美新之事紫陽亦未可為實錄也

○方望賢於范增

方望爲隗囂軍師後囂不聽其言望以書謝之曰范蠡收責句踐乘扁舟於五湖舅犯謝罪文公亦逡巡於河上望之無勞固其宜也望聞烏氏有龍池之山微徑南通與漢相屬其傍時有奇人聊及閒暇廣求其眞望將軍勉之望之見幾亂邦托跡方外飄然行遁邈焉莫追賢於范增遠矣

○○高光二帝不可優劣

高帝不免韓彭之誅而光武乃能全功臣此大有說一則逐鹿之勢外相臣服事定難制一則祖宗之業各位素定事已相安一則大度中有嫚罵之失人心素疑一則大度中能動如節度人心素定一則坊其效力封爵過度不計後患一則赤心在人監戒罷職務在保全兩者參論本末乃見後世爲高光分左右袒者是所謂不盡人之情而欲懸斷其曲直也失之遠矣

○○子陵不仕有深意

光武中興令主也、而廢郭后及太子彊、頗爲後世口實、國朝方正學題嚴陵圖有云、糟糠之妻尚如此、貧賤之交可知矣、羊裘老子蚤見幾、故向桐江釣煙水、宛轉二十八字、可謂發千古之隱矣、

○客星爲災

桑悅客星亭記云、客星有曰周伯、曰孝子、曰王蓬絮、曰國皇、曰温星、凡有所犯、無不蓄凶、後漢天文

客星居周野，光武崩應之。于此不書，似因子陵爲諱占也。且犯帝之變，劉聰遂亾，光武無應者，豈目前下賢一事，亦可弭其菑患歟？此論奇特，良愕非徒狂者。

○伏波未是烈士

大丈夫暴骨邊庭，不猶愈於病死牖下？此伏波之志也。伏波乃欲裹尸還葬，則是東坡所謂劉伶忘死未忘骸耳，諒爲烈士，骨暴不收可矣。

○漢書眞本

劉之遴傳云、鄱陽嗣王範得班固所上漢書眞本、謂今本諸王傳、雜在諸傳中、古本悉類項傳前、又謂古本漢書稱永平十六年、五月、十一日己酉、郎班固上、而今本無之、古本敍傳號中篇、今本稱爲敍傳、今本敍傳載班彪行事、而古本云班生彪自有傳、今本紀及表志傳、不相合爲次、而古本相合爲次總成三十八卷、今本外戚傳在西域傳後、而古本外戚傳在帝紀下今本韓彭英盧吳述云信惟餓隸布實黥徒越亦狗盜芮尹江湖雲起龍驤化爲王侯而古本述云淮陰毅毅仗劍周章邦之傑兮實爲彭英化爲王侯雲起龍騰古本第三十七卷解音釋義以助雅談而今本無此卷其不同如此所謂古本漢書乃蕭琛在宣城有北僧南渡惟齎一葫蘆中有漢書敘傳僧曰三輔耆老相傳以爲班固眞本琛固求得之其書多有異今[illegible][illegible]

墨本古文字多如龍舉之側非隸非篆瑑甚秘之乃以餉鄱陽王見瑑傳

○○班掾史妙

班掾无帝贊稱其鼓琴吹洞簫自度曲被歌聲分刌節度窮極幻眇成帝贊善修容儀臨朝淵嘿尊嚴若神可謂穆穆天子之容此皆稱其所長則所短不言而自見最得史臣之體

○楊王孫文翁史失其名

漢書楊王孫傳失其名而東雜記楊貴字王孫京兆人也生時厚自奉養死則裸葬於終南山子孫掘土鑿石深七尺而下屍上覆蓋之以石文張景文歷代小志文翁姓文名黨字仲翁景帝時爲蜀郡太守史亦失其名

○漢書缺典

漢書缺典處兵無志選舉無志爲太史公未作得此二書故孟堅因陋就簡

○○程伊川論班馬

程伊川云子長著作微情妙旨寄之文字蹊徑之外孟堅之文情旨盡露於文字蹊徑之中讀子長文必越浮言者始得其意超文字者乃觧其宗班氏文章亦稱儁雅但一覽之餘情詞俱盡此班馬之分也評史漢者獨此語爲最張輔以文字多寡爲優劣此何足以論班馬哉

○明帝前巳有佛典

佛典世謂漢明帝時始通中國不知明帝之前已有之劉向列仙傳曰歷觀百家之中以相檢驗得仙者四十六人其七十四人已在佛經霍去病傳收休屠祭天金人顔師古注曰今佛像是也漢武故事曰昆邪殺休屠王以其衆來降得其金人之神置之甘泉宮金人皆長丈餘其祭不用牛羊惟燒香禮拜上使依其國俗祀之魚豢魏略西戎傳曰哀帝元壽元年博士弟子景盧受大月氏王使

伏存曰傳浮屠經此皆明帝以前事也使明帝前未有佛典傅毅對明帝之言何從而得之但未盛行如今日耳

○○漢選法之善

漢選部有尚書自縣令以上始赴尚書調選其餘郡縣之屬吏至於公府之椽曹各自辟於其長其諸侯王國自內史以下亦皆得以自除朝廷無遷選之勞官府有薦賢之實賢否勤惰各察於其屬

之長而縣陟之故幹佐曹吏掾於州縣者然後爲五府所辟五府舉掾豈然後爲朝廷所用推而至於公卿之尊初未始有限也故何武以大司空辟鮑宣爲佐曹掾史高領尚書事而辟匡衡爲議曹史此曹掾之辟於公府者也周景以刺史而辟陳蕃爲別駕王渙以方城令而辟仇覽爲主簿此屬之辟於郡縣者也是以士之修潔於家而聞譽達於朝廷往往辟書交至其門而無遺才此漢之選

吏所以一付之公論而尤未至纖悉於法也後世吏部注擬下自監官筦庫之微一切選之尚書按其年勞資格而例以與之若執左券而責償其主奚暇問其賢不肖哉

○○漢鄉亭之重

漢時鄉亭之任則每鄉有三老孝弟力田掌勸導鄉里助成風俗皆有祿秩而三老孝弟力田爲尤尊可與縣令丞尉以事相教故戾太子得罪而壺

閭三老得以言其冤王尊爲郡而東郡三老得以奏其治狀至於張敞朱傳鮑宣仇香之徒爲顯宦有聲名然其猷爲才望亦皆見於爲亭長嗇夫之時隋唐以後所謂鄉亭之職至困至賤貪官汚吏非理徵求極意凌蔑故雖足跡不離閭里之間奉行不過文書之事而期會追呼笞箠比較其困踣無聊之狀則與以身任軍旅土木之徭役者無以異而至於破家蕩產不能自保則徭役之禍反不

至此矣然則差役之名蓋後世以其困苦卑賤同於徭役而稱之非古人所以置比閭族黨之官之本意也故或倚法以爲奸或匿賦以規免而漢之所以待三老嗇夫亭長者遂不可望於後世吁可嘆矣

○陳蕃懸榻

陳蕃初爲青州太守郡人周璆高潔之士郡守召命莫肯至惟蕃能致焉特爲一榻去則懸之後爲

豫章太守不接賓客惟徐穉來特設一榻去則懸之右二事相類蕃平生所接賓客亦罕矣楊升菴曰蕃亦癡矣為郡守採一郡之風謠為宰相以天下為耳目若閉閣懸榻乃于木泄栁之所為豈郡守宰相之事乎宦官之禍其及宜矣

○○夏君憲曰賓客之可接者亦罕矣閉閣懸榻而後眞士至焉韓退之上邢尚書書可觀也朱倬厚何人哉既收葬其尸矣又能匿其子逸[illegible]

赴義九折不回然則賓客又烏用多耶先生此
論亦苛于索瘢矣

○李膺已甚

李膺爲司隸校尉時張讓弟朔爲野王令貪殘無
道橫殺孕婦聞膺至懼罪逃還京師匿兄讓第合
柱中膺知其狀率將吏卒破柱取朔付洛陽獄受
詞畢即殺之嗚呼人臣挾簡亢之風致令天子倖
侍之弟逃命柱中可謂威望已極而必欲殺之膺

於是有叔道矣文帝時申屠嘉爲相尤直何減膺鄧通以小臣戲殿上亦只令之免冠徒跣叩頭流血而已未嘗必殺之乃爲快也使膺處此當復求進於是矣噫天下之事所貴君子通時達變毋徒苛求已甚釀成禍端亦不得不分其責矣

○景毅恥不與黨錮

景毅蜀郡人爲漢侍御史子顧爲李膺門徒未有錄牒不及於譴毅慨然曰本謂膺賢遣子師之豈

可以濁臚名籍苟安而已遂自表免蹏然則恥不與黨人不獨皇甫規也

○○清談始於漢末

世謂清談放曠起于晉非也漢末已有之矣仲長統見志詩曰寄愁天上埋憂地下叛散五經滅裂風雅鄭泉嗜酒臨卒謂同類曰必葬我陶家之側庶百歲之後化爲成土幸見取爲酒壺實獲我心矣二子蓋阮籍劉伶之先着鞭者也

○蔡中郎秘論衡

中郎以論衡爲談助蓋目爲稗官野史之流且此編驟出未行而新奇可喜故秘之帳中如今人收錄異書文固非所論也自論衡不甚稱後世究竟舉主多歸咎中郎者特爲一洒之

○蔡邕有後

白樂天詩各有文姬才稚子自注蔡邕無子有一女文姬昔人謂邕無子悉以書授王粲按羊祜傳

祜蔡邕外孫景獻皇后同母弟祜討吳有功將進爵土乞以賜舅子蔡襲詔封襲關內侯蔡充別傳祖睦蔡邕孫也按邕傳不言有子無孫此可補傳缺

○漢末史傳屈筆

漢末之董承耿紀晉初之諸葛毋丘齊興而有劉秉袁粲周滅而有王謙尉遲迥斯皆破家狥國視死猶生而歷代諸史皆書之曰逆將何以激揚名教

以勸事君者乎古之書事也令賊臣逆子懼今之書事也使忠臣義士羞若使南董有靈必切齒于九泉之下矣

○孔文舉關係

彼公極口誦服孔文舉而或者非之且議其疎庸夫孔文舉在無人敢議九錫文舉既死董昭撤然而談矣此豈全無所關係者耶李卓吾曰老瞞專國二十五年終不敢篡漢自立則孔融雖死其所

禊於漢帝者弘矣殺其身無益於君已勝于老[illegible]黷下者萬萬況有益於君耶西漢衰平末甚失德也而王莽從容焉餙智矯廉以取之潛移默運而不覺其視此何如也故知虎豹在山藜藿不採非虛語矣

○劉表工書

今人皆知臨池家有鍾元常而不知元常有同學友胡昭又不知元常與昭皆受書法於劉景升也

董北苑曰劉景升爲書家祖師鍾胡皆其弟子昭肥瘦各得一體耳今景升遺蹟絶無存者秇文志有劉表集亦已久亾獨三國志載表與袁尚兄弟書其筆力不減崔蔡之流而表初又爲黨人在八及之列其文行如此宜乎書法之工也

○曹操不復姓

曹操本姓夏侯父嵩爲中常侍曹騰養子嘗恧其富貴之極何不復姓後見一書云當時有以讖緯

進者云古者名官職不言曹自漢以來始名官盡言曹也至吏亦言屬曹卒言侍曹此非天意乎操遂不復姓此或實事

○曹操疑塚

曹操疑塚在漳河上宋人俞應符有詩曰生前欺天絶漢統死後欺人設疑塚人生用智死即休何用餘機到丘壟人言疑塚我不疑我有一法君未知直須掘盡疑塚七十二必有一塚塟君屍陶九成

以爲此言詩之斧鉞也乎則以爲孺子之見耳使孟德聞之必見笑於地下夫孟德之楨豈眞在於疑塚哉多設以疑人耳然始爲疑塚者孔林

○曹操諷漢復九州

三桓諷魯作三軍合周禮矣其志乃欲卑公室而奪之權曹操諷漢復九州合禹貢矣其志乃欲廣冀州而益其地用姦人欲濟其邪謀者未嘗不引經術也况鬼蜮如操耶○

○孫權之劣

魏武因弱爲强，不階尺土，幾一海寓，其人不足論，才足稱也。孫權自守虜耳，藉父兄之業，亾能尺寸廣也。使昭烈處權所，就當止此乎？蘇氏以劉不如孫，非也。

○昭烈先聲

昭烈間關於袁紹、呂布、劉表、曹操之間，困矣，而氣不衰也；敗矣，而望不挫也。魏武以天下英雄推之，魯肅以天下梟雄名之周瑜陸遜程昱郭嘉咸惴惴焉胡先聲之震如此也迹昭烈平生言論風旨蓋猶有帝王之度焉遠非孫曹等也雖其才弗逮亦炎德之將終與

○○借荆州所以保吳

魯子敬許以荆州借劉先主後世議之此論非是史稱曹公聞孫權以土地借備方作書落筆於地彼知先主得荆州輔車之勢成天下未可以遽取

也由是言之借荆州之事豈惟劉氏所以取蜀亦孫氏之所以保吳者矣

○荆蜀形勢

荆天下重地豪傑所急也然未有以荆取天下者無論劉表蕭銑馬殷輩以楚成之強莊之伯靈之貪玄之横友諒之禁而中原不能尺寸也夫蜀誠一隅然秦得之輕諸侯矣漢得之壹四海矣孔明自昭烈卒出祁山者六曷謂欲長守蜀也

○取劉璋不係孔明

漢昭烈於十六年冬從劉璋之迎而擊張魯是時孔明留守荆州至明年乃自葭萌據涪出法正之計昭烈亦強從之若使孔明在舉措當不如此今以取劉璋爲孔明病蓋亦未之考也

○○昭烈遺命之非

漢昭烈與諸葛孔明經營西蜀以窺中原無非爲興復劉氏耳昭烈既崩其志未遂嗣子劉禪昏弱

暗弱雖有孔明亦未如何昭烈生前豈不知之晏駕顧命宜曰嗣子可輔輔之如不可輔則擇劉氏之賢者立之孔明王佐之才必有以處此而劉氏典矣昭烈智不及此乃曰如不可輔卿可自取是置孔明於嫌疑之地欲變而擇賢則天下將以昭烈之言而疑己欲不變則劉禪又不足與有為此孔明所以不能混一天下而漢祀遂斬也宋張文潛有詩永安受命堪垂涕手挈庸兒是天意足為

孔明置詞矣、

○○梁父吟譏晏子

孔明梁父吟、當不止一篇、世所傳僅此耳、寓意蓋譏晏氏、夫三子恃功暴恣、漸固難長、藉使駕馭有方、則皆折衝之器、既不能以是爲齊畢謀、又不能明正典刑、以張公室、徒以權譎斃之、至於崔杼弑君、陳恒擅國、則隱忍徘徊、大義俱廢、復沮景公用孔子、而茸與梁丘據輩等列、亂朝區區補苴罅漏、

何救齊亾而後世猶以爲賢至有管晏之目此梁父吟所爲作也自擬隆中寧取樂毅而不及晏厥有旨哉

〇孔明比管樂有取

孔明自比管樂後人多疑其謙不知此自有深意比管仲取其尊王也比樂毅取其復讎也蓋隱隱有興復漢室之圖于比擬間微示其意乃說者比度才智較量淺深於古人心事毫未窺其所言何

哉、

○○子房孔明學術

諸葛孔明材似張子房而學不同子房出於黃老孔明出於申韓方秦之末可與爲天下者非漢高祖而誰項羽決不足以有爲也故其初即歸高祖不復更問項羽與范增之徒異矣然而黃老之術不以身易天下是以主謀而不主事爲終而不爲始陰行其志而不盡用其材雖使高帝得天下而

已不與也孔明有志於漢者而度韋操孫權不在於是故退耕以觀其人唯施之劉備爲可其過荀文若遠矣以備不足與驅馳中原而吞操當遠介於蜀伺二氏之弊乃矯漢末頹弱之失一齊之以刑名錯綜萬務參覈名實用法甚工而有罪不貸則以申韓爲之也惟其所見各得於心非因人從俗以苟作此所以爲黃老而不流於蕩爲申韓而不流於刻故卒能輔其才而成其志者也

○孔明事業文章

孔明三代之佐也而與留侯梁公范文正俱爲殊絶人物二表三代之文也而與陳情酒德歸去來俱爲第一文章信篤論乎伯仲之間見伊呂指揮若定失蕭曹可與言孔明者杜氏而已大哉言也伊訓說命相表裏可與言二表者蘇氏而已

○出師表缺句

孔明出師表今世所傳皆本三國志按文選所載

先帝之靈下若無興德之言六字他本皆無於義有缺當以文選爲正

○○司馬懿非孔明敵

司馬仲達出奇制勝變化如神雖孫權亦憚之孔明以步卒十餘萬西行千里行行然求與之戰而仲達以勁騎三十萬僅能自守來不敢拒去不敢追賈詡等嘗逼之戰矣兵交即敗不敢復出姑以待斃爲名而其爲計者不過日夕望其死而無他

術也然孔明始試其兵或以饑退晚年雜耕渭濱爲久駐之基木牛流馬日運而至則其弊不可待矣遲之一二年仲達將何辭哉不戰則君疑之國刻議之國人輕之其英氣無所騁固不免於戰戰則敗耳惜乎軍前之星遽隕使後世豎儒得肆饒舌也

○○楊顒不知孔明

孔明爲相身校簿書主簿楊顒切諫以爲徒勞後

之覺者無不爲孔明惜也張和仲曰楊主簿濟達相臣之體而未亮孔明之心夫死生有命況孔明之死生何等關係而謂食少事煩覓致夭沒也不意死仲達猶能詒後生明眼人

○○武鄉遺言不及姜維

武鄉亟稱姜伯約論者以爲失焉觀亮遺言第舉琬禕而不及維料之審矣然維于亮要不負所知也以禪之庸皓之佞非維蜀久亡矣

○八陣圖

諸葛武侯八陣圖在蜀者二、一在夔州之永安宮、一在新都之彌牟鎭、王武子曾爲夔州之西市、俯臨江岸沙石、下看諸葛亮八陣圖、箕張翼舒、鵞形鸛勢、聚石分布、宛然尚存、峽水大時、三蜀雪消之際、瀨滂滉瀁、大樹十圍、枯槎百丈、破礶巨石、隨波塞川而下、水與岸齊、雷奔山裂、聚石爲堆者、斷可知也、及乎水已平、萬物皆失故態、惟陣圖小石之推擴聚行列，依然如是者至六七百年間，淘灑推激，迨今不動。在新都者，其地象城門四起，中列土壘，約高三尺，耕者或剗平之，經旬餘復突出。此乃其精誠之貫天之所支而不可壞者，蓋非獨人愛惜之而已。

○○漢祚之長

漢之亡也，獻帝爲公，后爲山陽夫人，相傳至玄孫秋，猶爲公，行漢正朔，用天子禮樂，西晉亡而漢祀始絶前後計之漢蓋也有五百餘年深仁厚澤之報固不爽也老瞞篡漢以貽子孫相傳五帝共享國四十一年其一被弒其二見廢惟丕叡僅存耳然則老瞞不亦枉苦心耶

○高貴鄉公文學

史稱高貴才慧夙成好問尚詞卽其幸學與諸博士論難信然自古末世之君多文彩若隋煬陳唐兩後主最儁然不過華靡藻麗耳至深于經術莫

如高貴人主之學與常布異不能不爲之浩歎

○李密陳情表訛字

李密陳情表有少仕僞朝之句責備者謂其篤於孝而妨於忠嘗見佛書引此文僞朝作荒朝蓋密之初文也僞朝字蓋晉政之以入史耳劉静脩詩有云若將文字論心術恐有無邊受屈人蓋指此類乎

○阮籍巧附司馬昭

阮籍既爲司馬昭大將軍從事，聞步兵廚酒美，復求爲校尉，史言雖去職，常游府內，朝晏必預，以能遺落世事爲美談。不知此正其詭譎，佯欲遠昭而陰實附之，故示戀戀之意，以重相諧結，小人情僞，有千載不可掩者。不然，籍與嵇康當時一流人物也，何禮法疾籍如仇，昭則每爲保護，康徒以鍾會片言，遂不免耶？至勸進之文，眞情乃見。籍著大人論，比禮法士爲群蝨之處褌中，若籍附昭，乃褌中

之蠢但偶不遭火焚耳使王凌毋丘儉等一得志籍尚有噍類哉

○晉室久亂

王濟以人乳蒸豚王愷使妓吹笛小失聲韻便殺之使美人行酒客飲不盡亦殺之時武帝在也而貴戚敢如此知晉室之亂也久矣

○晉武以不廢立致亂

自古帝王多以廢立致亂而晉武獨以不廢立致

亂舉神器之重以畀僭童自以由太子而及適是由歷及昌之意也而寧知之不克終而死耶天之禍敗人國固有出於意外者是所謂報施之巧也不然狼顧之懿方且賈德邑於九原而古今畫夋何不作法於凉也

○晉史矛盾

晉書載惠帝聞蛙鳴問為官爲私蛙見餓者云何不食肉糜由此言之愚昧甚矣及蕩陰之敗兵人

引稽紹斬之帝曰忠臣也勿殺紹血濺帝衣左右欲浣衣帝曰稽侍中血勿浣也由此言之英明甚矣一惠帝也相去數年何其乍愚乍明如此史之言或虛或實必居一於此矣

○惠帝廢儲

賈謐之譖太子於后也后信之以其未有可廢之罪故爲不臣之語強使醉而書之然其迹甚明其情易察孰有臣子將爲逆於君親而敢露其手書

乎惠帝昏庸既莫之辨遂使儲君被誣莫能自白卒冤以死豈不哀哉夫事之可驗莫如手書而亦有不可盡據者此類是也

千百年眼卷六終

千百年眼

[明] 張燧 撰

拾瑤叢書

下册

文物出版社

千百年眼卷第七

瀟湘張　燧和仲纂

鹿城陳世壆寧之閱

○徙戎論無救於晉

世儒睹郭欽江統之說不行深爲司馬氏惜不知此輩漸染華夏之風者僅百年其文雅博洽旣與中國士大夫埒而驍悍魁桀拔山貫鐵之勇非華人可得而彷彿也卽使驅之去而未必卽去旣去

而未必不來我知其害必不止侵鎬方犯涇陽圍白登入甘泉如周漢之事而遂已也況中國先亂而彼有所以乘其隙哉

○按劉元海父子總角遊京師已有英雄之望儻御得其道不過金日磾李光弼之儔柰何以騃童爲天下主賊后煽淫于內羣宗播禍于外彼廻翔六合皆出其下安得不雲蒸龍變以快其翹肰之志耶是天固縱之以剪司馬氏也

○○晉室所以敗

晉室之敗由當時君子高談揖讓洎然沖虛而無慷慨感激之操大言無當不適於用而畏兵革之事天下之英雄知其所忌而竊乘之是以顛沛隕越而不能以自存且夫劉聰石勒王敦祖約此其姦詐雄武亦一世之豪也譬如山林之人生於草木之間大風烈日之所咻而霜雪饑饉之所勞苦其筋力骨節之所嘗試者亦已至矣而使王衍王

導之倫清談而當其衝此譬如千金之家居於高堂之上食肉飲酒不習寒暑之勞而欲以之捍禦山林之勇夫而求其成功此固奸雄之所樂攻而無難者也是以雖有賢人君子之才而無益於世雖有盡忠致命之意而不救於患難此其病起于自處太高而不習天下之辱事故富而不能勞貴而不能治一敗塗地而不復振也坡公此論可爲一代定評矣余謂宋之理學諸公亦似之雖其道

有虛實精粗是非之不同而其不適於用一也故其後夷禍之慘若出一轍昔人謂宋統似晉有旨哉

○○王衍羞見其女

王夷甫既降石勒自解無罪且勸僭號其女惠風爲愍懷太子妃劉曜陷洛以惠風賜其將喬屬將妻之惠風仗劍大罵而死乃知夷甫之死非獨愧見晉公卿乃當羞見其女也

○○陶侃被誣

陶士行唱義於晉室板蕩之秋破石頭斬蘇峻誠爲一時元勳獨史稱其握重兵居上流潛有窺伺之志輙思折翼之祥自抑而止嗟夫自古誣人而不得者必汙其閨房之事以其難明故也晉史欲誣士行至加以夢寐中事其難更甚於閨房者按士行生當浮虛之俗動而見尤一入仕途荆棘萬狀終日自運百甓於竹頭木屑間雖一束之稷亦

經營不怠卒能恢廓才猷立功立事梅陶稱士行機神明鑒似魏武忠順勤勞似孔明豈欺我哉義旗既建一麾東下子喪不臨直趨蔡洲一時勤王茂有先者逮元勳克集實主齊盟乃退然不居旋師歸藩臣節益著末年卧疾封府庫而登舟舉愆期以自代視去重任如脫屣然其始終夷險無一可議不臣之迹果安在哉或者以庾亮之傳應詹之書疑其跡似跋扈不知蘇峻之誅亮所深耻而

屈於中也殆士衍既卒而後嗣亦彫零庾氏世總
朝權安知秉史筆者不有所曲狥耶今乃舍其灼
然之跡而信其蒙穢之言亦誣矣

○庾亮失計

庾亮召蘇峻孔坦陶回因王導語亮宜及峻未至
急斷阜陵之界守江西當利諸口彼少我衆一戰
決矣若峻未來可往逼其城令不先往峻必先入
有奪人之心亮不從及峻將至回又說亮峻知石

頭有重戍不敢直入必向小丹陽南道步來若以伏兵邀之可一戰而禽𡰥又不從事見二人傳峻果由小丹陽經秣陵迷失道逢郡人執以爲向導夜行無部分亮聞之深悔吾謂召峻固失計然從二人言猶不至覆國幾於滅亡也晁錯削七國大類此頗亞夫速馳入梁楚之郊故漢得不敗吾嘗謂漢之反謀錯已明知之此時只宜召之入朝仍發大兵隨之若濞不從便引兵進討所謂疾雷不及掩

耳、吳破則諸侯自服矣、錯知吳必反、不先未削爲備、旣反而後調兵食、此眞兒戲也、東市之誅、非不幸矣、庾亮蓋祖錯之覆轍也、乃幸而不誅、晉室之不競宜哉、

○王導遜誅

王導在江左、爲一時偷安之謀、無十年生聚之計、又陰拱立以覬王敦之成敗、而胸懷異謀、觀敦與導書、平京師日、當親割溫嶠之舌、非素有謀約者、

耶爲此言敦已伏誅當加戮尸汚宫之罪文請以大將軍禮葬之敦死後導與人言恒稱大將軍文言大將軍昔日爲桓文之舉此爲漏網逆臣無疑徒以子孫貴盛史家掩惡以欺萬世謂之江左夷吾管氏與儓亦羞之矣

○○王逸少經濟

王逸少在東晉時蓋温太眞蔡謨謝安石一等人也公卿愛其才器頻召不就及殷侯將北伐以爲

必敗貽害止之殷敗後復謀再舉又書曰以區區
江左所營綜如此天下寒心久矣自寇亂以來處
內外之任者瘝竭根本各從所志竟無一功可論
一事可紀任其事者豈得辭四海之責哉若猶以
前事爲未工故復求之於分外宇宙雖廣何所自
容又與會稽王牋曰今雖有可欣之會內求諸己
而所憂乃重於所欣以區區吳越經緯天下十分
之九不亡何待願令諸軍皆還保淮須根立勢舉

識之未晚其識慮精深如是恨不見於用耳而爲書名所蓋後世但以翰墨稱之何待羲之之淺也

○蘭亭未可議

文選不收蘭亭議者謂天朗氣清自是秋景又以絲竹管絃四言兩意不知天朗氣清固有所本三春之季天氣肅清見蔡邕終南山賦熈春寒往微雨新晴六合清朗見潘安仁閒居賦仲春令月時和氣清見張平子歸田賦安可謂春間無天朗氣

清之時耶文絲竹管絃本出前漢張禹傳文如易曰明辨晰也莊子云周徧咸詩云昭明有融高朗令終宋玉賦曰爲朝雲古樂府云暮不夜歸左傳云遠哉遥遥邯鄲淳碑云丘墓起墳古詩云被服羅衣裳莊子吾無糧我無食後漢書食不充糧古人文辭政自不厭鄭重在今人則以爲複矣

○李卓吾云好一篇議論然與敘文不類兩語乃爲定評

○張翰蓴鱸

東晉張翰吳人仕齊王冏不樂於官一日在京師見秋風忽起因作歌曰秋風起兮隹景時吳江水兮鱸正肥三千里兮家未歸恨難得兮仰天悲遂棄官而歸宋王贄運使過吳江有詩云吳江秋水灌平湖水濶烟深恨有餘因想季鷹當日事歸來未必爲蓴鱸此語甚有思至東坡三賢贊則曰浮世功名食與眠季鷹眞得水中仙不須更說知幾

早只爲蓴鱸也自賢其說又高一着矣

○劉琨負其母

劉琨在并州怒護軍令狐盛切諫殺之盛子泥奔漢具言虛實漢王聰大喜遣劉粲劉曜將兵寇并州以泥爲鄉導琨東收兵於常山曜等乘虛陷晉陽琨還救不及泥遂殺琨父母嗚呼令狐所謂子胥之忿也使琨有備亦未遽逞其志也柰何移檄遠近聲言伐漢及曜粲南來乃更收兵常山哉母

曰汝不能駕御豪傑以恢遠畧蓋策之審矣毋賢智與孫夫人等而不能使越石如伯符死有遺恨也

○阿堵

晉言王衍口不言錢家人欲試之以錢繞牀不能行但云舉却阿堵物世遂以阿堵爲錢矣然顧凱之言傳神寫照正在阿堵中殷浩見佛經云理亦應阿堵上桓溫止新亭大陳兵衛呼謝安王坦之

欲於坐害之謝目衛士曰安聞諸侯有道守在四鄰明公何須壁間置阿堵輩一以爲眼一以爲經一以爲兵士豈可指定言之阿堵自是當時諺語如今所謂此物云耳

○英雄自相服

桓溫之所成殆過於劉越石而區區慕之者英雄必自有以相服初不以成敗言耶以此論之光武之度本不如玄德唐文皇之英氣未必過劉寄奴

也

○○孟嘉論樂非是

絲不如竹竹不如肉或問其故曰漸近自然此晉孟嘉語也不知絲者絲之聲也出乎手竹者竹之聲也出乎口假絲竹而聲揔之皆肉也則亦何嘗不自然耶況夫伯牙之琴王子之簫孫登之嘯亦可謂之不自然亦可謂之不如肉乎

○漢晉賜金帛各有所盛

漢賞賜多用黃金晉賞賜多用絹布各因其時之所有而用之漢初以黃金四萬斤與陳平間楚其用如此所積可知梁孝王臨死府庫尚有黃金四十餘萬斤吳國懸賞斬大將者黃金五十斤以次賞金各有差等王國尚爾天府有不待言者治郡有聲則增秩賜金復有功臣不時之賞費用浩瀚不聞告乏數千斤之賜甚多不可勝舉如黃霸嚴助尹翁歸等動與百斤周勃賜五十斤霍光前後

所賜至七千斤至王莽末省中黃金尚積六十萬斤董卓郿塢亦不可勝數是知當時黃金多也晉時賞賜絹布絹百匹在所不論阮瞻千匹溫嶠庾亮荀崧楊珧等皆至五千匹周馥唐彬瑯琊王伷等皆六千匹王渾杜預等皆八千匹賈充前後至九千匹王濬張華何攀等皆至萬匹王導前後近二萬匹桓溫前後近三十萬匹蘇峻之亂臺省煨燼時尚有布二十萬匹絹數萬匹又可驗晉布帛

之多也

○陶淵明不欲諸子仕宋

陶淵明命子篇則曰夙興夜寐願爾之才爾之不才亦已焉哉其責子篇曰雖有五男兒總不好紙筆天運苟如此且進杯中物先生之於諸子皆不欲其仕宋故作詩自汙以晦其才才則必以陶氏門地援矣此苦心也善乎雅生曰以不才終其天年

○中庸自晉巳孤行

中庸雖出戴記至二程始尊信而表章之今獨行與六經並按晉戴顒嘗傳中庸後梁武帝亦爲中庸講疏中庸之傳久矣非但始於宋也

○不識一丁

苻堅宴羣臣賦詩姜平子詩內有丁字直而不屈堅問之平子對曰屈下者不正之物未足以獻也堅悅擢上第矣莊子云丁子有尾若直丁不屈

乃古下字也若堅與平子正不識一丁者

○王猛死不忘晉

王景略之才管蕭之匹也時值桓溫竟不得一效於晉所謂既生瑜何生亮亦晉之不幸哉然猛之夙心則不忘諸夏也臨終數語自是肝膈披露

○○苻堅拙於用多

苻堅淮淝之戰由其勢重不分而趨一道首尾相失無他奇變此兵家之深忌也晉之取吳也兵二

十萬而所出之道六隋之取陳也兵五十萬而所出之道八唯其所出之道多則彼之受敵者衆是其千里之江淮固與我共之矣今堅所率者百萬而前後千里其爲前鋒者二十五萬而專向壽春堅又自恃其衆之盛謂投鞭於江足斷其流乃自項城棄其大軍而以輕騎八千赴之是以晉人乘其未集而急擊之及其既敗而後至之兵皆死於蹦踐矣惡在其爲百萬也使堅之師離爲十道偕

發兵至分歷其境輕騎游卒嘗其要害將自爲敵士自爲戰雖未足以亡晉亦何至蹉跌之甚耶然亦有以分而敗者如趙之禦黥布吳漢之討公孫述是也則以兵少而敵衆也若項羽烏江之戰纔二十八騎耳而分之爲四猶能斬將見奇難又少而不厭分也總之兵之奇常在分而將兵之妙用則不必於分與不分也嗚呼堅特叛胡之錚錚者要何足以語此

○符秦之亡不由慕容垂

慕容垂之奔秦也王猛力勸秦王堅除之堅不從其後垂卒破長安堅出奔西燕以亡天下後世皆惜之不知堅之敗在空國伐晉而其釀禍也在遠徙種人專留鮮卑垂不過乘其強弩之末以張振蒙之勢耳使堅無此二敗雖百垂其如堅何哉方堅之敗於淝水也八十餘萬衆盡爲謝玄等所破惟冠軍垂所將三萬人獨全堅以千餘騎赴之垂

世子實勸取堅垂曰彼以赤心投我若之何害之天苟棄秦何患不亡吾將以義取天下豈負宿心也則夫垂之報堅也豈減於疇昔之恩乎養虎遺患之說未足以槩此也

○○崔浩受禍不由作史

魏太武殺崔浩云浩刋所撰國史於石立於郊壇東方所書魏先世事皆詳實北人忿恚相與譖浩暴揚國惡魏主大怒遂族誅浩夫浩修國史立石

乃其職耳惟是刋石衢路若爲可罪然何至赤其族哉及閱宋書柳元景傳云柳光世爲索虜折衝將軍河北太守其姊夫僞司徒崔浩虜之相也虜主拓跋燾南寇汝穎浩密有異圖光世要河北義士爲浩應浩謀泄被誅河北大姓坐連謀夷滅者甚衆然後知浩受禍之酷自有其故特因史事發耳

○金土不可同價

齊高帝云、吾當使金土同價、意則善矣、然豈必然之理哉、孟子曰物之不齊物之情也、巨屨小屨同價、人豈爲之哉、而孟子亦自忘之、至有菽粟如水火之論、金之不可使賤如土、猶土之不可使貴如金也、堯之民比屋可封、桀之民比屋可誅、信此說、則堯時諸侯滿天下、桀時大辟徧四海也、

○○梁武殺業

梁武學佛而敗、詆佛者以爲口實、然武帝慕齊和

齊子孫殆盡其納侯景晩節多昏業報應受非佛之罪也若其奉佛精勤功德自在以此罪佛是因刖廢履因噎廢食也其可乎

○按唐蕭瑀梁明帝之子梁武之後也入唐爲相自瑀逮遘八葉宰輔名德相望與唐終始以臺城之禍咎佛者亦應以此而信佛矣

○沈約韻書之謬

天下事有最僥倖而不可解者沈約韻書是也沈

約以前所經歷賢聖豪傑聞人鉅儒不知凡幾矣太一東之與二冬三四支之與五微八齊六魚之與七虞十一眞之與十二文十三元之與十四寒一先二蕭之與四豪八庚九靑之與十蒸十三覃十四鹽之與十五咸前此諸韻僉通孔子作經及漢魏古詩并仙靈篇什班班可考豈盡譌謬至沈約而始悉改正耶且約吳興之武康人局于方言蠻俗不審宮羽不備四聲而敢背越賢聖變亂千古亦

既謬妄矣不知後世學士大夫何故而遵之如聖經歷百代而不敢易乎此甚不可曉也

○劉知幾無史才

楊萬里云劉知幾史通毛舉前史一字必呵嘗得其所撰高宗武后實錄而讀之意其拳石班馬而藏獲陳范也及觀其永徽三年事則曰發遣薛延陀此何等語邪天授二年則言傳遊藝死矣至長壽二年遣使流人則曰傳遊藝言之也游藝之死

至是三年豈有白骨復肉而遊魂再返乎古人目睫之論誠有味也然子玄史通妙處實中前人之膏肓不可廢也

○隋氏富庶

自漢以來丁口之蕃息與倉廩府庫之盛莫如隋文帝初年有戶三百六十餘萬平陳所得又五十萬至大業之始不及二十年而增至八百九十餘萬方其有國之始獨罷榷禁又時時減免賦稅甚

徵取之途可謂濶畧矣又營新都平陳平江表至於賞賜有功並無所愛惜營繕征伐之費亦既不貲矣是時布帛之積幾于無所容蓄儲至不可勝數及其敗亡塗地而洛口諸倉猶足以致百萬之衆是果何道以致之也吁亦奇矣

○隋文帝濫殺

周大義公主下嫁於突厥沙鉢略可汗爲可賀敦聞隋主受禪意甚不平平陳之後上以陳叔寶屏

風賜之公主因書屏風爲詩叙陳亡以自寄其辭
曰盛衰等朝暮世道若浮萍榮華實難守池臺終
自平富貴今何在空事寫丹青杯酒恒無樂絃歌
詎有聲余本皇家子飄流入虜庭一朝覩成敗懷
抱忽縱横古來共如此非我獨申名惟有明妃曲
偏傷遠嫁情上聞而惡之時沙鉢略染干遣使求
婚上令裴矩謂之曰殺大義公主者方許婚主遂
遇害覩公主詩詞不過慟陳氏之淪亡哀身世之

飄流此亦人情之常且一女子遠適虜庭有何顧忌而必欲殺之也亦慘矣王世充宇文化及之毒相去才一間耳

○隋煬帝毀讖

讖書原於易之推往以知來周家卜世得三十卜年得八百此知來之的也易道既隱卜筮者溺於考測必欲奇中故分流別派其說寖廣東漢之末王莽好符命光武以圖讖興遂盛行於世漢時又

詔東平王蒼正五經章句皆命從讖歷觀宋梁其說不能盡去及隋煬帝即位乃發使四出搜天下書籍與讖緯相涉者皆焚之爲吏所糾者死自是無復其學有功名教不淺也

○○唐高祖殺降

古今殺降之甚者莫甚於唐高而項羽白起弗與焉薛仁杲降則殺之王仁本降則殺之蕭銑降則又殺之其他蓋不勝數也或謂出太宗意然而太

宗孝嘗殺頡利也獨當時何無一言救止豈其大

不能得之文靜之死而無及于數子耶

○唐世女禍

唐太宗起義時以隋宮女子進其父而脅之高祖

畏禍議始定及其後也天亦降之女禍世世有焉

報應之妙如此

○唐封建之善

唐太宗即位從封德彝言於是疏屬王者降爲公

德彝之言曰爵命崇則力役多以天下爲私奉非
全公之法也嗚呼德彝此語固今之藥石乎
○太宗縱囚有所做
六一公論唐太宗縱囚其說卓矣然縱囚自歸之
事不始於太宗後漢之鍾離意南宋之傅翽後魏
之張華原隋之王伽皆然史書之以爲美太宗好
名者蓋慕而效之耳
○尉遲公隱德

蹀血之變，坐二府者百餘家，將盡沒入。敬德曰：爲惡者二人，今已誅，若又窮支黨，非取安之道。乃普原之。太宗一日謂敬德曰：朕將嫁女與卿，稱意否？敬德謝曰：臣婦雖鄙陋，亦不失夫妻情。臣每聞說古人語：富不易妻，仁也。臣竊慕之，願停聖恩。叩頭固讓，帝嘉之而止。晩節謝賓客，飾觀沼，奏清商樂，自奉養甚厚，又餌雲母粉，爲方士術。年七十四，於顯慶三年卒。嗚呼！敬德如此行藏，且在李衛公之

上矣世徒以萬人敵稱之也、

○長孫無忌褚遂良有死道

長孫無忌褚遂良之死、世咸悲之、余以爲二子均有死道矣、吳王恪、太宗愛子也、太宗立高宗爲太子、又欲立恪、無忌以舉棋不定爲諷、似矣、而其後也、竟以房遺愛獄誣搆吳王、陷之重辟、劉洎太宗直臣也、洎性踈致禍、理固應爾、而罪不至死、遂良誣以伊霍一語、必欲斃之、雖馬周強辯、不少鮮矣、

此三子者、所謂太宗心膂臣也、一殺其愛子、一貽其主以殺直臣之名、由此觀之、武氏之禍、猶爲晚也、

○李勣一言之禍

武后之立、由李勣之逢迎也、彼豈不知其大謬、第以全軀命保富貴之心太過耳、臨終謂人曰、我十二三爲無賴賊、焉知耄年尤大無賴哉、身沒未寒、而有敬業之禍、誅其身足矣、何至殲其宗毀其墓

道耶然則武氏未嘗纖毫見德勳亦枉却做小人矣

○○狄仁傑不殺易之昌宗

毋后臨朝如呂氏武則天此國家大變也王陵褻炎迎禍亂之鋒欲以一言折之故不廢則死陳平狄仁傑待其包裹而徐正之故身與國俱全然盧陵既立而張易之昌宗未去仁傑猶置之不問復授之張柬之俟其惡稔而後取並以禍亂之根生

於母子之間不如是則必至於毀傷故耶張玄覩曰狄公在周如大乘菩薩行忍辱行自非小聖所測

○○閻立本知狄仁傑

狄梁公初授并州佐時閻立本黜陟河南梁公爲人誣告立本一見即驚謝曰仲尼觀過知仁足下可謂海曲之明珠東南之遺寶特薦之遷并州法曹夫梁公能反周爲唐而非立本則不能自拔於

沉淪淵哉可稱具眼矣然則馳譽冊青何足盡並本百一也

○○徐有功難於臯陶

張文成贊徐有功躡虎尾而莫驚觸龍鱗而不懼鳳跱鴟梟之內直以全身豹變豺狼之間忠能遠害愚嘗謂爲大將者爲太公望易爲郭子儀難輔幼主者爲周公易爲孔明難爲刑官者爲臯陶易爲有功難誰謂後世不及古人乎

○○駱賓王四子受誣

凡稱知人者知其人之臧否邪正耳窮達脩短則姑布子平小術君子不道也裴行儉以器識短王楊四子幸而偶中至今儒者樂道之然裴所稱王勮王勔蘇味道皆覆身寘籍何以優劣四子使勃等即如裴論不過浮淺小節而味道輩模稜邪諂榮寵牝朝器識何在史稱駱賓王失職鞅鞅遂與徐敬業起兵夫孽后臨朝羅織萬態即狄仁傑輩

尚誣以反況賓王倡義殺身欲加以罪黨足據乎且文人失意憤悱其常屈平懷沙賈生夭折從世咸悼其忠賓王首倡大義庸可以此訾之除某十卷今存自嶠昔書憤三章外無一鞅鞅語然則史亦非實錄也裴行儉既以姑布子平之術誣後世而史官又從而緣飾之則四子幾不白于千古亦冤矣

駱賓王罷識

賓王上裴侍郎書云、義士期乎貞夫、忠臣出乎孝子、既不能推心以奉母、亦焉能死節以事人。假物議之無嫌、實吾斯之未信。況流沙一去、絕塞千里、子愴人塞之魂、母切倚廬之望、就令歡以卒歲、仰南薰之不貲、而使憂能傷人、追西山而何幾。裴侍郎即行儉也、時欲以書記之事委駱、駱有母在、欲終養、故辭之如此。誰謂賓王才士而無罷識耶、

○徐敬業之敗

敬業舉義魏思溫勸其直趨河洛以匡復爲事此與尹德毅之說蕭衍龍敏之獻策潞王從珂皆奇謀也諺云敗棊有勝着惜乎當局者迷耳

○滕王閣記出處

三國典略曰蕭明與王僧辯書凡諸部曲並使招攜赴投戎行前後雲集霜戈電戟無非武庫之兵龍甲犀渠皆是雲臺之仗唐王勃滕王閣序紫電清霜王將軍之武庫正用此事以十四歲之童子

胸中萬卷，千載之下，宿儒猶不能知其出處，豈非亦皆奇木，杜子美、韓退之極其推服，良有以也。使小獎杜韓並世對毫，恐地上老驥不能追雲中俊。使後生之指點流傳，妄哉。

○玄宗慘刻

明皇侍諸弟，可謂極其仁愛，然一日而殺三子，何相悖也。嗚呼，讓皇帝於是爲不可及矣。非讓皇帝有太伯叔齊之賢，則明皇之視諸弟，不難於諸子矣。

○明皇廢資格

明皇開元初銓次尚未廢資格時上欲大用蘇頲因問宰相有自工部侍郎而拜中書者乎宰相以爲惟賢是用何資之討明皇乃敢從之又以李元紘公卿交薦籍甚欲自天官侍郎擢拜尚書宰相以元紘資薄止拜侍郎夫以蘇頲元紘之才能計資亦未爲驟進乃毫釐必計如此及其惑林甫之姦

欲相牛仙客則自河湟使典攉班尚書遂不復計資雖以九齡之惓惓盡忠援故事以爭之而且不聽矣豈非資格一廢彼固得以肆情而無忌耶要之資格者所以待常流不次者所以待非常之士承平無事則守資格一旦有緩急大事大疑則先材能則彼前說亦非定論也

○○孝經春秋甚靈

陳用公曰孝經閨門一章由周秦而下傳瀕至唐

列為二十二章開元間博士司馬貞為國家諱始黜之而唐遂有馬嵬之禍則孝經閨門之教廢也王荆公謂春秋爛朝報不列學宮使先聖筆削之書人主不得聞講說學士不得相傳習而宋遂有夷狄北轅之禍則春秋内外之防與復仇之教廢也孔子曰我志在春秋行在孝經二書抹去禍及家國宣尼之書可謂靈矣故曰畏聖人之言

賀季眞乞休在耄年

季眞乞鑑湖歸老，古今以爲美談。然攷其時年已八十餘矣。故其回鄉詩：「幼小離家老大回，鄉音無改鬢毛衰。兒童相見不相識，笑問客從何處來。」夫仕宦而至八十餘不歸，復何爲耶？季眞嘗謁一賣藥王老，問黄白之術，持一珠貽之。老即以珠易餅啖，不敢言。老曰：「慳吝未除，術何由得？」是季眞者乃貪戀富貴一老悖耳。張旭謂賀八眞清鑑風流千載人，豈別有所據耶？若以乞鑑湖歸老時爲風

流湖水有靈未免貽笑矣

○○盧懷慎先見

盧懷慎身為上相家無擔石之儲孜孜體國至死益堅屬疾則念明皇倦勤將有憸人乘間之患遺言薦宋璟諸賢以為社稷無窮之謀豈區區才智之士矜眩目前以為功必已出者能爾耶史以伴食譏之殆亦俗見也予李卓吾曰懷慎自以才不及崇每事推崇此與視人之技若已有見人之彥

寔能容何以異乎誠所謂大臣也嗚呼懷慎可謂千載之下復有知己矣

千百年眼卷第七終

千百年眼卷第八

瀟湘張　燧和仲纂
公安李　輅諦星閱

○○周易舉正

唐司戶參軍郭京作周易舉正三卷云曾得王輔嗣韓康伯手寫眞本比校今世流行本或將經作注用注作經小象中間以下句反居其上爻詞注內移後義却處於前兼有脫遺謬誤者並依定本

舉正其訛凡一百三節此書近世罕傳余友夏君
憲有藏本今錄其明妥者若干處坤初六象曰履
霜陰始凝也今本於象文霜字下誤增堅冰二字
屯六三象曰即鹿無虞何以從禽也今本脫何字
師六五田有禽利執之无咎之字誤作言比九五
象曰失前禽舍逆取順也今誤倒其句泰六四象
曰翩翩不富皆失實也今誤作失字謙六五利用
征伐小象亦然今本兩征字並誤作侵字賁亨不

利有攸往今不字誤作小字剛柔交錯天文也
明以止人文也今脫剛柔交錯四字剝彖曰剝剝
落也今本脫落字大過九五枯楊生華老婦得其
少夫今本誤作士字坎卦習坎上脫坎字姤九四
包失魚注云有其魚故失之也今誤作无魚九五
似杞包瓜今誤作以字蹇大象君子以正身脩德
今本作反字困初六象曰入於幽谷不明也今谷
字下多幽字鼎彖聖人亨以饗上帝以養聖賢今

多而大亨三字震彖曰不喪匕鬯可以守宗廟社稷以爲祭主也今脫不喪匕鬯一句漸象曰君子以居賢德善風俗今本脫風字豐九四象遇其夷主吉志行也今脫志字巽彖曰重巽以申命命乃行也今脫命乃行也一句節彖說以行險當位以節中正以通然後乃亨也今誤將此句入註中孚彖豚魚吉信及也今及字下多豚魚二字小過彖柔得中是以可小事也今脫可字而事字下誤增

吉字。六五象曰：密雲不雨，已止也，今作已上。既濟彖曰：既濟亨，小小者亨也，今脫一小字。上繫第九章子曰：知變化之道者，其知神之所爲乎，今本誤作所字。下繫第四章不見利不動，今本誤作勸字。又危以動則民不輔也，今本誤作與字。第四章二多譽，四多懼，注云：懼，近也，今誤以近也字爲正文。說卦乾以居之，今本誤作君字。序卦屯者物之始生也，始生必蒙，今始字誤作物字。雜卦蒙稚而著，

今稚誤作雉字凡此等處眞可爲讀易者一證

○○古人言易不及周公

班固漢書云易道深矣人更三聖世歷三古以伏義爲上古文王爲中古孔子爲下古也與周公絶無干涉故繫詞傳累舉庖羲文王而略不及周公亦自可見楊子雲曰宓羲綿絡天地經以八卦文王附六爻孔子錯其象彖其辭然後發天地之藏定萬物之基班楊去古未遠較世儒所傳當得其

實、

○○陸秉大衍數解

大衍之數五十其用四十有九陸秉曰此脫文也當云大衍之數五十有五蓋天一地二天三地四天五地六天七地八天九地十正五十有五而用四十有九者除六虛之位也古者卜筮先布六虛之位然後揲蓍而置六爻焉如京房馬季長鄭康成以至王弼不悟其爲脫文而妄爲之說謂所賴

者五十殊無謬據文曰不用而用以之通非數而數以之成此語尤謬且繫辭曰天數二十有五地數三十凡天地之數五十有五豈不顯然哉文乾坤之策自始至終無非五十五數也蓋數始於一而終於五天以藏德運化數之始終于此該而用之消長于此神故虛一與五退藏於密秘而弗用則其用四十九焉而已耳老氏所謂有之以爲利無之以爲用是當其無而有大衍之用也此聖人

千載不傳之奧旨

○○李太白深心

唐室宦官用事呼吸之間生殺隨之李太白以天挺之才自結明主意有所疾殺身不顧坡公作太白眞贊云生平不識高將軍手涴吾足乃敢嗔此語甚妙王介甫乃言太白人品汙下詩中十句九句說婦人與酒果爾直是咳嗽亦不可也阜老有詩云天寶年間事已非先生不醉將安歸他人有

心、余村度之矣、

○阿房賦蹈襲

杜牧之阿房宮賦云、六王畢、四海一、蜀山兀、阿房出。陸傪作長城賦云、千城絶、長城列、秦民竭、秦君滅、傪輩行在牧之前、則阿房宮賦又祖長城何法矣、牧之云、明星熒熒、開妝鏡也、綠雲擾擾、梳曉鬟也、渭流漲膩、棄脂水也、煙斜霧橫、焚椒蘭也、雷霆乍驚、宮車過也、轆轆遠聽、杳不知其所之也、盛言秦之奢侈楊敬之作華山賦有云見若咫尺田千畝矣見若環堵城千雉矣見若杯水池百里矣見若蟻垤臺九層矣蜂窠聯聯起阿房矣小星熒熒焚咸陽矣華山賦杜司徒佑已常稱之牧之乃佑孫也當是傚倣之所作信矣文章以不蹈襲爲難也

○唐詩之盛不關選舉

胡子厚曰人有恆言曰唐以詩取士故詩盛今代

以經義選舉故詩衰此論非也詩之盛衰係於人心與學不因上之所取也漢以射策取士而蘇李之詩班馬之賦出焉此豈係於上乎屈原之騷爭光日月楚豈以騷取人耶況唐人所取五言八韻之律今所傳省題詩多不工其傳世者非省題詩也

○肅宗靈武之舉非篡

唐玄宗奔蜀太子即位靈武其始爲馬嵬驛父老

所留其既為建寧王倓所勸又其後爲杜鴻漸魏少游崔漪盧薛李涵五上箋所迫而太子實無利天下之心也當時君父播遷賊入長安殺妃主皇孫數十人刳心以祭王侯將相扈從車駕留長安者誅及嬰兒太子夜馳三百里至平凉雖正位號文武官不滿三十人太子何艷於此而攘之於草莽荆棘之日耶其後顔眞卿區處河北軍事以蠟書達表於靈武遂以眞卿爲工部尚書并致赦書

亦以蠟丸達之眞卿頒下諸郡又遣人頒於河南
江淮由是諸道始知上即位于靈武徇國之心益
堅民間相傳太子北收兵來取長安日夜望之或
時相驚曰太子大軍至矣則皆走市里爲空賊望
北方塵起輒驚欲走京畿豪傑往往殺賊官吏遥
應官軍誅而復起不能制乃知靈武此舉眞可收
屬人心非乘危而利天下也其後韋見素等至自
成都奉上寶册太子不肯受曰比以中原未靖權

總百官豈敢乘危遽爲僭襲郡臣固請堅不許寘于別殿朝夕事之如定省之禮其情亦可憐矣而范祖禹乃以爲叛君背父寃矣哉所可恨者其罪全在楊國忠當唐玄宗議親征時謂宰相曰朕在位垂五十載去秋巳欲傳位太子值水旱相仍不欲以餘災遺子孫不意逆胡横發朕當親征且使之監國事平之日朕將高枕無爲矣楊國忠大懼退謂三夫人曰太子素惡吾家若一旦得天下吾

姊妹命俱在且暮矣使貴妃銜土請命於上事遂寢若使國忠從臾一言不至有靈武之事竟以怙恩懼禍之故至使他日父不得正其終子不得正其始既亂人家國又亂人綱常若國忠者馬嵬死晚矣

○○唐以失形勢致亂

唐安祿山既犯東京眷留不去李泌郭子儀皆請先取范陽以覆其巢穴肅宗急於收復不從其策

由是遂失河北終唐之世不能復黄巢横行入廣高駢請分兵守郴循梧昭桂永數州之險自將由大庾嶺擊之使從其言直置中兎爾而當國者曾莫之省巢果復出為惡遂致滔天此數公者眞所謂識形勢者也而唐兩失之其取敗宜哉

○房琯用違其才

張玄羽曰房琯所謂治世之能臣耳肅宗用違其才所以一敗而不振若收復之後令琯從容諷議

鎮靜廟堂以撫摩殘喘毋令讒邪間之當必有可
觀者方用而疑之方疑而將之旣敗而一逐不收
人皆嗟琯之不盡其用予獨悲琯之不逢其時

○○房琯長策

司空圖詠房琯詩云物望傾心久匈渠破膽頻注
云天寳中琯奏請遣諸王爲都統節度安祿山見
分鎮詔拊膺歎曰我不得天下矣蓋當艱危之際
以親王重藩分布外鎮自能夾輔王室統繫人心

司空圖詩話此杜子美挽公詩所謂一德興王後亦指此事唐書因其陳濤斜之敗遂沒其善可惜也楊鐵崖詠史目之爲腐儒又以王衍比之過矣房後謫廣漢有政績唐詩人詠房湖者多稱仰之今不悉記云

○余按李德裕嘗言昔玄宗以臨淄王定內難自是疑忌宗室不令出閤天下皆以爲幽閉骨肉虧傷人倫使天寳之末建中之初宗室散處

方州何至爲安祿山朱泚所魚肉哉觀此則房琯所奏信救時之良策也

○杜子美隱德

杜子美詩人之豪也初拜右拾遺即上書論救房琯語甚切至幾以得罪此豈附麗下石之徒比哉世謂文人無行殆虚語耳

○○杜子美詩意

焦澹園曰杜詩三分割據紆籌策萬里雲霄一羽

毛人以三分割據爲孔明功業不知此其所輕爲正如雲霄一羽毛耳必也偶伊呂而失蕭曹乃盡公之才惜乎運移身殲僅以三分之業自見此天也非人也此詩八句一意讀者逐句解之失其旨矣

○子美不咏海棠有故

子美父名閑故詩中不用閑字娟娟戲蝶過閑幔原作閑幔刻本之誤也母名海棠故不咏海棠坡

公有詩云少陵爲爾牽詩興可是無心賦海棠亦未之考耶

○○儒者說詩之謬

詩出於小夫賤隸之口而說詩者多不免於高叟之固則所號爲窮經稽古之儒乃反賤隸之不若矣蓋詩人吟咏情性故意象寬平老儒執守訓詁故意象窄狹如杜子美仰面貪看鳥回頭錯應人乃詩家上乘而朱考亭引之謂其爲心不在焉則

不得其正何異癡人前說夢乎眞可發笑

○○詩詞訛字

古書無訛字轉刻轉訛莫可考証畧舉數條如王涯李夫人歌脩嫮穠華銷歇盡脩嫮訛作德所武元衡詩劉琨坐嘯風清塞訛作生苑琨在邊城則清塞字爲是焉得有苑乎杜牧詩長空澹澹沒孤鴻今妄改作孤鳥沒平仄亦拗矣又牧之江南春云十里鶯啼綠暎紅今本誤作千里又寄楊州韓

緯判官云秋盡江南草未凋。俗本作草木凋。秋盡而草木凋，自是常事，不必說也。況江南地暖，草木不凋乎。如陸龜蒙宮人斜詩云草着愁烟似不春。只一句便見墳墓淒惻之意。俗本作草樹如烟似不春。杜詩把君詩過日。俗本作把君詩過目。愁對寒雲白滿山。俗本作雪滿山。關山同一點。俗本作同一照。七月六日苦炎蒸。俗本蒸作熱。邀歡上夜關。俗本作卜夜。閒曾閔朱旗北斗殷。俗本改殷作閒成何交理不知貧病關何事俗本作祇緣貧病人須棄禿節漢臣歸俗本作握節不知漢書張衡傳云蘇武以禿節效貞杜本政用此語也新炊聞黃粱俗本聞作間則字義亦不通矣劉巨濟收許渾詩湘潭雲盡暮烟出今俗本烟作山蓋湘水多烟唐詩中流欲暮見湘烟是也烟字大勝山字李義山詩瑤池宴罷留王母金屋妝成貯阿嬌俗本作玉桃偷得憐方朔直似小兒語耳古詩君亮執

高簡賤妾亦何為文選范云古意詩注引之作擬何為擬字勝亦字王右丞詩鑾輿迴出千門柳用建章宮千門萬戶事也歸鴻欲度千門雪却望千門花色閒皆本此俗本千門作僊門謬甚蘇味道元夕詩金吾不禁夜玉漏莫相催古本是不惜夜梁鍉觀閑美人詩落釵猶罥鬢微汗欲沾裳古本是欲消黃言潢宮黃額粧也甚妙又南史王稱詩日暮當歸去魚鳥見流連俗本改鳥作花淺矣

牛嶠詞日驀天空波浪急正用縣語也韋蘇州詩獨憐幽草澗邊生古本生作行行字勝生字十倍東坡玉如纖手嗅梅花俗改玉如作玉奴儋耳山詩云突兀隘空虛他山總不如君看道傍石盡是補天餘叔黨云石當作者傳寫之誤一字不工遂使全篇俱病小詞如周美成惜惜坊曲人家坊曲妓女所居俗本改曲作陌張仲宗詞東風如許惡俗改如許作妬花平仄亦失貼孫夫人詞日邊消

息空沉沉俗改日作耳凡此皆係改本謬僞百出書之所以貴舊本也

○李杜始末考

世知杜之爲拾遺而不知李亦拾遺也世以草堂屬杜而李集亦號草堂也李卒後代宗徵拜左拾遺見范傳正碑碑題尚稱左拾遺世又以供奉拾遺皆死於酒而皆死於水亦非也太白晚依宗人李陽冰終於紫極宮少陵將歸襄郡終潭岳間乘

不固謬耒陽亦未可憑

○○唐宋逸詩賦

王無功云吾往見薛收白牛溪賦韻趣高奇詞義曠遠嵯峨蕭瑟眞不可言壯哉邈乎楊班之儔也高人姚義嘗語吾曰薛生此文不可多得登太行俯滄海高深極矣吾近作河渚獨居賦爲仲長先生所見以爲可與白牛連類因寫爲一本今此二賦俱不傳韓文公誌盧殷墓言殷於書無不讀止

用爲詩資平生爲詩可誦者千餘篇至今一篇不傳非託於韓文則名姓亦湮矣又會昌中進士盧獻卿作愍征賦司空圖爲之注釋且序之曰氣凌鄴下體變江南間生冠五百年在握照十二乘又言其才情旖旎雅調清越寓詞哀怨變態無窮稱之可謂極至矣而此賦亦不傳宋蘇長公與米元章書云兒子於何處得寶月觀賦琅然誦之老僕臥聽未半蹶然而起恨二十年相從知元章不盡

若此賦當過古人不論今世也天下豈盡如我輩瞶瞶耶犬坡公騷壇巨眼其推服若是而今亦不傳余友范長康輯米襄陽志林拓陸友仁包彥平陳庸公之舊自成一書意搜括無遺矣而是賦不載長康每對余懷恨謂是闕典且相托爲撿索余低徊紙堆凡六載餘僅於集弱侯金陵舊事中得賞心亭詩一絶宋王勉夫野客叢談中得壯觀亭記畧以報命而賦實月觀者固寥寥也然則古今

文章湮没不傳者可勝計耶、

○○元章賞心亭詩云、晴新山色黛、風縱蘆花雪、盡日倚闌干、寒霄低細月、此詩雅淡幽奇、當爲宋絶之冠、附録於此、

○李泌相業

柳玭稱李泌佐肅宗兩京之復、泌謀居多、其功大於魯連范蠡、而首謀范陽、三定儲君、其最也、史多逸其事、惟鄴侯家傳爲詳、家傳、其子繁筆也、繁爲

隋州亳州刺史州劇賊爲患緐有機畧捕殺之爵
元輿與緐素隙反坐以濫殺不辜詔賜死緐下獄
恐先人功業泯滅從吏求廢紙握筆著家傳十篇
司馬公通鑑多載之朱子綱目疑非實録擯不取
噫鄭侯身没未寒横遭元輿之毒數百年後又復
不信於考亭亦何重不幸也
○○陸贄忌才
李晟平朱泚之亂德宗覽收城露布云臣已肅清

宫禁祇謁寢園鐘簴不移廟貌如故上感涕失聲左右六宫皆嗚咽露布乃于公異之辭也議者以朝廷捷書露布無如此者公異後爲陸贄所忌誣以家行不謹賜孝經一卷坎坷而終夫公異能動九重之淚而不能取同調之憐信文人薄命哉以孝經爲刑書以家行不謹爲阻抑才賢之具敬輿忌才視李林甫更巧矣

○德宗不能餌懷光

漢文帝几杖之賜可以柔吳王濞而德宗鐵券之恩適足以怒懷光事同而情異何也豈懷光之惡遂浮於吳濞耶亦文帝之推誠與德宗之猜嫌隔天淵耳夫機心不可以狎海上之鷗況虛恩可以餌叵測之懷光乎

○○盧杞愧其子

盧杞在唐世爲甲族而懷慎一派爲盛懷慎以清德相玄宗號爲名相而生東都留臺奕奕罵祿山

被害在忠義傳奕生杞杞相德宗敗亂天下在姦臣傳杞生元輔元輔傳云謙靜介正能紹其祖故歷顯劇任而人不以杞之惡爲異亦附忠義傳然則杞不獨愧見其父祖又且愧其子矣

○唐宦官之禍

自東都至唐寵任宦者其禍始憯然宦官寵任雖同而所以任之實異東都宦官專領監事則政權歸之矣唐以宦官專典禁衛則兵權且歸之是故

勳德如李郭則俛首受節制不免失律跋扈如李茂貞朱全忠則稱兵內侮而遂以移祚蓋地近情親根連株固故雖有英特之君賢智之臣終不能以一朝而去腹心之疾亦由積漸之久故也

○○退之淮西碑失實

唐憲宗仆退之淮西碑而改用段文昌也事由石孝忠後世鮮有緣其本末者按羅隱記石烈士事云石孝忠者生長韓魏間為人猛悍多力州里患

之後折節事李愬爲前驅信任與家人伍元和忠
天子用裴丞相討蔡李愬李光顔烏重胤皆受節
制明年蔡平命吏部侍郎韓愈撰平淮西碑碑中
盡歸功丞相而愬特與光顔重胤等孝忠熟視其
文大恚怒因作力推倒其碑吏不能止乃執詣節
度使愬以聞上甚訝之命具獄將盡於碑下孝忠
度必死苟虛死則無以明愬功乃僞祇畏若不勝
搒伺吏隙用挺尾拉一吏殺之天子聞而震怒俾

遂闕下親訊之曰汝推吾碑殺吾吏爲何孝忠頓首曰臣一死未足以塞責但得面天顔則赤族無恨矣臣事李愬久以賤故給事無不聞見平蔡之日臣從在軍前如吳秀琳蔡之奸賊也而愬降之李祐蔡之驍將也而愬擒之蔡之爪牙脫落於是矣及元濟受縛雖丞相與諸將軍不能先知也蔡平刻石記功盡歸丞相而愬名與光顔重胤齒愬固無所言矣脫不幸更有一淮西其將畧如愬者

肯為陛下用乎臣所以推去碑者不惟明愬之續亦將為陛下正賞罰之源不推碑無以為吏擿不殺吏無以見陛下臣言已矣請就刑憲宗既得淮蔡本末又多其義遂赦之因名曰烈士後召翰林學士段文昌更撰淮西碑嗚呼不孝忠者固萬趙牛之徒歟當時韓吏部既欠實錄而裴相國殊無休休讓美之懷致謗未必無由也夫韓公之文非不卓越即段學士所撰亦自詳贍明妥隨人觀

塲之蜚先賜貽於山丰而段文全不繭錄亦足笑也

○按唐憲宗以永貞元年八月卽位是月見南西川劉闢自稱留後十一月夏綏銀節度留後楊惠琳叉元和元年三月辛巳楊惠琳伏誅十月戊子劉闢伏誅事皆在元和元年而退之平淮西碑云明年平夏又明年平蜀蓋誤也新唐書載此碑削去明年平夏一句

○裵居憲曰孝忠貞義勇也然非徒勇又且智觀其對憲宗數語詞旨剴切特假緣推碑殺吏陰以作將士之氣而銷主上猜忌之心世間何可無此人也退之平生倔彊到此遭却毒手矣

○藩鎭之弊

李林甫欲斷節度入相之途卒啟祿山范陽之亂眞所謂一言喪邦也顧藩鎭之禍綿延而不可解者有二曰稱留後曰軍中擁立而是二者皆自朝

延發之開元十五年以蕭嵩爲河西節度副大使嵩本鷄觚小吏以才幹爲王君㚟腹心至是代君㚟節制此則他日留後之端也○乾元元年平盧節度使王玄志死裨將李懷玉殺玄志之子而推侯希逸朝廷即授以節此則他日軍中擁立之漸也○要而言之兵驕則逐帥帥強則叛上一語可盡藩鎮之弊

○白樂天行藏

白樂天與楊虞卿爲姻家，而不累於虞卿；與元稹、牛僧孺相厚善，不黨於元稹、僧孺；爲裴晉公所愛重，而不因晉公以進；與李文饒隙，而文饒終未嘗深害之者。處世如是，人亦足矣。推其所由，惟不汲汲於進，而志在於退，故能安然於去就愛憎之際，綽有餘裕也。自刑部侍郎以病求分司，時年纔五十八，自是蓋不復出。中間一爲河南尹，期年輒去，再除同州刺史，不拜。雍容無事，順適其意，而清是其欲者十有六年方太和開成會昌之間天下變故所更不一元稹以廢黜死李文饒以讒嫉死雖裴晉公猶懷疑畏而牛僧孺李宗閔皆不免萬里之行所謂李逢吉令狐楚李珏之徒泛泛非素與游者其冰炭低昂未嘗有虛日顧樂天所得豈不多哉

○昌黎史禍

昌黎之避史筆也柳州諍之是矣然其時故有說

□淮西碑則以爲失實而踣而段文昌改撰之順宗錄則以爲不稱而廢而韋處厚續撰之毛穎傳足繼太史遷當時譏其滑稽裴晉公書後世訾其紕繆使退之而任史其禍變當有甚此者

韓昌黎晚信佛老

韓昌黎表諫佛骨矣潮陽一貶至瀕死不悔晚乃與佛子太顛遊又作李于墓志歷序以服食敗者數人爲世戒晚年至親脂粉故事服食用火靈庫

卒致絶命是所謂笑前車之覆轍而疾鞭以追其後也儒者之無特操如此

○李虛中子平

令之祿命家言子平者其說始於唐殿中侍御史李虛中也虛中後以服水銀疽發背死不知其曾自推算否

○王叔文之冤

王叔文以不良死而史極意苛譎以當權姦之首

至與李訓輩齊稱，抑何寃也。觀順宗即位之初所注措，如罷宮市，郤貢獻，召用陸贄、陽城，貶李實，相杜佑、賈耽諸耆碩，革德宗大敝之政，收已渙之人心，皆叔文啟之也。其所最要者，用范希朝爲神策行營節度使，韓泰爲司馬，奪宦官之兵而授之文武大吏，卒爲宦官所持，遂亟貶至砲死，而禍亦最烈，實由于此。當劉闢爲韋皐求三川，至許以死相助，金錢溢於進奏之邸，使叔文小有欲，不難爲所

飭顧叱而欲斬之抑何壯也韋以遂知叔文之失宦者心故敢抗疏直言其失而亡所顧忌豈得爲定論耶嗟乎叔文誠非賢人君子然其禍自宦官始不五月而身被惡名以死此其情有可原者故爲表之

○八司馬伸氣

唐八司馬皆天下奇才豈不知趣權利之可耻蓋叔文欲誅宦官強公室正義舉也特計出下下爲

所反覆故善良皆不免當日有所拘忌不得不深誅而力詆之後人脩書尚循其說似終不與人爲善非春秋之意也惟范文正公嘗略及之八司馬庶幾稍伸氣矣

○牛李有同惡

唐文宗方用李訓鄭注欲求奇功一日延英謂宰相公等亦有意於太平乎何道致之僧孺曰臣待罪宰相不能康濟天下然太平亦無象今四夷不

内侵百姓安生業私室無彊家上不壅蔽下不怨
讟雖未及全盛亦足爲治矣更求太平非臣所及
也退謂諸宰相上責成如此吾可久處此耶旣罷
未久李訓爲甘露之事幾至亡國帝初欲以訓爲
諫官德裕固爭言訓小人咎惡已著決不可用德
裕亦以此罷去二人趣向不同及歸訓注事所守
若出於一可謂有同惡矣余按小說云牛李如冰
炭惟嗜石則如一人是又有同好也

○柳子厚非國語報

柳子厚平日法國語爲文章而其後也作非國語歷詆其疵病不少貸陸放翁曰坡公在嶺外特喜子厚文朝夕不去手與陶淵明並稱二友及北歸與錢濟明書乃痛詆子厚時令斷刑四維貞符詩篇至以爲小人無忌憚者豈亦非國語之報耶

○道家三尸神之謬

道家言三尸神謂之三彭以爲人身中皆有是三

蟲能記人過失、至庚申日乘人睡去、而讒之上帝、
故學道者至庚申日輒不睡、謂之守庚申、或服藥
以殺之、小人之妄誕有如此者、學道之人積功累
行以求無過、豈有僥倖蔽覆欺罔上帝、可以爲神
仙者乎、上帝照臨四方、而乃納三尸讒言、則亦悖
謬之甚矣、然凡學道者、未有不信其說、柳子厚最
號強項、亦作罵尸蟲文、獨唐末有道士程紫霄、一日
朝士會終南太極觀守庚申、紫霄笑曰、三尸何有、

此吾師託是以懼爲惡者爾據牀求枕作詩以示衆曰不守庚申亦不疑此心長與道相依玉皇已自知行止任爾三彭說是非投筆鼻息如雷孰謂子厚而其徒之不若耶

○劉禹錫不敢用糕子

劉禹錫作九日詩欲用餻字以其不經見迄不敢用故宋子京詩云劉郎不敢題餻字虛負詩中一世豪然白樂天詩云移坐就菊叢餻酒前羅列則

固已用之矣劉毋倡和之時不知曾談及此否

〇〇李德裕知所本

唐至文宗之朝可謂衰弱矣武宗旣立得一李德裕相之而威令遂振德裕初爲相卽上言曰宰相非其人當亟廢罷至天下之政則不可不歸中書武宗聽之號令紀綱咸自己出故能削平僭僞號爲中興

〇〇唐不立后之禍

唐自肅宗張后之後未嘗有正位長秋者史所載皇后皆追贈其太后則皆所生子爲帝而奉上尊號者也憲宗以郭汾陽孫女爲妃既爲令族又有淑德可以正位矣乃以其宗強恐既立之後後宮不得進遂終身爲妃自後人主皆不立后然文宗崩既有太子侁士良等廢之而立武宗武宗崩既有皇子諸宦官廢之而立宣宗宣宗崩遺命立夔王王宗實等廢之而立懿宗雖當時中人專權令

今所無亦因椒房虛位宮闈無主所謂皇子者皆無寵無威之人故上宮彌留之際宰輔既隔在外庶中人遂得以肆行無忌顯違詔旨私立所厚而莫可禁止也

○郭汾陽後裔之賢

唐穆宗長慶四年宦官請郭太后臨朝稱制太后曰武后稱制幾危社稷我家世守忠義非武氏比太子雖少但得賢宰相輔之卿等勿預朝政何患

國家不安古豈有女子爲天下主而能致唐虞之理乎取制書手裂之太后兄釗聞有是議密上牋曰若果徇其請臣請先帥諸子納官爵歸田里太后泣曰祖考之靈鍾於吾兄郭氏汾陽裔也可無愧祖武矣視漢馬后槩廖防輩爲何如人耶

千百年眼卷八終

千百年眼卷第九

瀟湘張　燧和仲纂
竟陵譚元春友夏閱

○柳公權詩意

唐文宗詩曰人皆苦炎熱我愛夏日長柳公權續後云薰風自南來殿閣生微凉或者謂其不能因詩以諷後蘇子瞻爲續之云一爲居所移苦樂永相忘願言均此施清陰分四方亦未免蛇足不知

楙句正所以諷也蓋薰風之來惟殿閣穆清高爽之地始知其涼而征夫耕叟方奔馳作勞低垂喘汗於黃塵赤日之中雖有此風安知所謂涼哉此與宋玉對楚王曰此獨大王之風耳庶人安得而共之者同意

○○鄭綮辭相

史稱鄭綮相因自言曰笑殺天下人又曰時事可知矣後竟以不爲人所瞻望三月求罷去傳紀其

卑鄙之也。按綮知廬州日，值賊黃巢起，所過郡邑無不殘滅。公移檄於巢，戒無犯州境，巢笑爲斂兵，州獨得完。及歲滿去，俸餘千緡，置之郡庫。他盜過郡，帑藏爲竭，而終不敢犯鄭使君錢，此必有以厭服其心者。不賢而能若是乎？區區自嘲，蓋以掩其環瑋邁群之器，不忍身爲亡國之相，挈神器以歸賊也。然而圭角不露，過人遠矣。彼史氏何足以知之。

○唐科目不足憑

唐室名臣多起於科目惟張九齡常應二科一則才堪經邦一則道侔伊呂後來相業誠不負科名矣而裴晉公度在裴垍下第四人及第顏魯公真卿之忠節乃在於文辭秀逸之科開元天寶之際有風雅古調科乃薛據及第而李白杜甫竝不在茲選由此觀之謂科目盡足以得士亦豈容遽信哉

○崔樞白馬之禍不足惜

白馬之禍至今悲之歐陽修有言曰一太常卿與社稷孰爲重使樞等不死尚惜一卿其肯以國與人乎雖樞等之力不能存唐必不亡唐而獨存也是不然長安與太常卿孰重國亡君弑與流品不分孰急樞不惜長安與全忠乃惜一卿不與張廷範不惜國亡君弑而惜流品之不分其愚豈不甚哉夫樞既畏全忠而附之弑其君父既從之矣以

爲除太常卿小事也持之不與宋必咈全忠之心而微以示人至公從其大而遂其細欲以竊天下之虛譽不意全忠怒之至此也全忠以爲此小事猶不從已其肯聽已之取天下乎是以肆其誅鋤無所不至不知樞等實非能爲唐輕重乃全忠疑之過也向使樞有存唐之心當全忠之劫遷端委而受刃於國門天下忠義之士聞之必有奮發而起者矣樞不爲此而惜一卿不死於昭宗之弑而

死於廷範之事，處身如此，豈能爲國慮乎？既欲上不失賊臣之意，又欲下不失士大夫之譽，其可得乎？白馬之禍，蓋自取之也。

○王朴異才

五代人才，王朴爲冠。其平邊策攻取先後，宋興之初，先平江南，晚定河東，次第不能易也；其論星曆，宋定欽天曆，不能易也；其論樂律，宋作大晟樂，不能易也。其言有曰：彼民與此民之心同，是與天意

同契天人意同則無不成之功五季之世有若人耶

○○韓熙載晦於聲色

五代之末知趙點檢不可測者韓熙載耳衆人固貿貿也熙載又知唐之將覆而恥爲之相故以聲色晦之嘗語僧德明云吾爲此行正欲避國家入相之命僧問何故避之曰中原常虎視於此一旦眞主出江南棄甲不暇吾不能爲千古笑端噫卓

矣。

○吳越改元之証

五季時十國稱帝改元者七，荆楚吳越常行中國年號。歐公五代史著十國世家年譜，於吳越云：聞之故老，亦常稱帝改元，而事迹無可考見。獨得其封落星石爲寶石山制書，稱寶正六年辛卯，所據止此。按至正中，徐一夔避亂海寧州，有許姓者嘗闢一巨室，得古墓，內有志磚，蓋錢氏將許俊墓也。

俊年十八從軍以戰功累官至節度使都押衙兼
御史中丞寶正三年卒葬於此所載年月甚明此
又錢氏改元之一證惜歐公未之見耳鏐自梁末
帝貞明二年加天下兵馬都元帥開府置官屬唐
莊宗入洛以厚獻賜玉冊金印自稱吳越國王更
名所居曰宮殿官屬稱臣遣使封拜海中諸國君
長蓋已居然行帝者事矣又何疑於改元一節乎
哉

○徐鍇徵猫事非實

南唐徐鍇與兄鉉徵猫事至七十餘條古今猫事有限節經史詩文單辭並舉亦不應若此之繁蓋兄弟一時自相誇詡世不詳察徂爲實然耳梁武沈約徵栗事僅十餘條頗恨其寡却自實錄蓋六朝前世代差近事迹尚稀故也二徐在宋初同李昉宋白及諸學士編御覽廣記所收輯猫事不過十餘鉉胡不舉鍇七十事實之也

○板本之始

漢以來六經多刻之石如蔡邕石經嵇康石經邯鄲淳三字石經裴顏刻石寫經是也其人間流傳惟有寫本唐末益州始有墨板多術數字學小書而已蜀毋昭裔請刻板印九經蜀主從之自是始用木板摹刻六經景德中又摹印司馬班范諸史與六經皆傳世之寫本漸少然墨本訛駁初不是正而學者無他本刊驗司馬班范三史尤多脫亂

其後不復有古本可證眞一恨事也

○○希夷易說

象卦示人本無文字使人消息吉凶默會希夷先生曰羲皇始畫八卦重爲六十四不立文字使天下之人默觀其象而已如其象則吉凶應遂其象則吉凶反此羲皇氏不言之敎也易道不行乃有周孔周孔孤行易道復晦蓋上古卦畫明易道行後世卦畫不明易道不行聖人於是不得已而有

辭一蓍其辭便謂易止於是而周孔遂自孤行更不知有卦畫微旨比之謂買櫝還珠由漢以來皆然易道胡爲而不晦也張和仲曰今之學易者又不過勦紫陽氏規磨之談不知視買櫝還珠者何如也

○○宋儒教之盛昉于趙普

宋之興也趙普以半部論語佐藝祖致太平而其後也遂有濂洛諸儒之盛是所謂青出於藍也所

貽者遠矣嗚呼以焚書坑儒之慘而欲傳之萬世
無窮不亦惑乎

○○燭影斧聲

藝祖舍子立弟亘古所無迨其後也德芳德昭至
不良於死太宗于是乎殘忍矣蓋陳橋之事與諸
將密謀以黃袍加藝祖實出於太宗彼自以爲手
天下以授之兄而今返之也二子處嫌疑之際雖
欲不危又何可得耶觀夫卽位于開寶九年之十

于前年聯[illegible]

一月不能少待而遽稱太平興國元年固也亦無兄之跡矣燭影斧聲之疑恐難置喙於後世也

○趙普遺禍

宋之兵孱國弱始於趙普方太宗時常欲取幽州承周世宗一日取三關之餘威時遼國多隙取之必矣趙普亦知翰能之而不勝嫉媢之心巧爲之阻太祖承五代之敝畏難苟安玩時愒日故從其言而金元之禍中國人類幾爲匈奴之牧馬場

皆背一言兆數百年之禍也其渝金匱之罪猶在此乎

○盧多遜愧其父

盧多遜父億性儉素恬於榮進以少府監告老歸洛以杯酒自放不親俗事及多遜參大政服玩漸侈億嚬蹙而泣曰家本寒素今富貴驟至不知稅駕地矣後多遜果敗士大夫高其識多遜當國門下士極盛其所器重者和峴蘇冠二人而已及其得

美賓客皆散去獨英冠二人徒步送之千里而還英後改名旼即明逸冠即蘇易簡也

○种放之隱由毋

种放在終南太宗召而不出從母命也真宗不召而出毋已物故也貞烈哉此母殆其女中之田光乎終南處士愧深閨老嫗多矣

○郭忠恕清節

郭忠恕宋初人也放曠岐雍陝洛間逢人無貴賤

口縱猶遍山水輒留旬日或絶粒不食盛暑暴日中無汗大寒鑿冰而浴尤善畫妙於山水屋木有求者必怒而去意欲畫卽自爲之時與役夫小民入市肆飲食曰吾所與游皆于類也東坡畫贊叙之甚詳考忠恕初事湘陰公贇贇爲郭威所殺忠恕佯狂遁去由此觀之亦清節之士山水木屋不足以盡之也

○晉唐不通字學

宋史長篇太宗每暇日問王著以筆法葛端以字學筆法臨摹古帖也字學考究篆意也筆法與字學本一塗而分岐晉唐以來妙於筆法而不通字學者多矣

○楊升菴六書索隱序云伏羲觀圖畫八卦字生焉虞舜依律和聲音韻出焉神皇聖帝君師萬禩垂此二教至周公出文則制六書詩則訓六義郁乎備矣古之名儒大賢肇而繇入墨客未

有不通此者也。蓋秦之吏人，猶能誦爰歷、滂喜；漢世童子，無不通急就、凡將。後漢許叔重著說文十四篇，五百四十部，本蒼頡之篇，九千三百五十三字，則秦篆之全。其所載古文三百九十六、籀文一百四十五，軒周之跡，猶有存者；重文或體六百二十二，則上有孔子說、楚莊王諸說，咸宗古人，不雜臆見，可謂有功小學矣。自程元岑之隸、史游之章、鍾繇之行楷出，而字日訛謬矣周中顧野王著玉篇凡二萬二千七百七十九字以小楷書寫籀古十訛其九也自可憾唐上元中南國一妄處士孫強又增加俗字如竹尚少爲筭昇高山爲杪此乃童兒之見俳優之嬉何足以汚竹素也其間名爲此字學者若李陽冰則戾古誑俗陸德明則從俗訛音吾無取焉宋則郭忠恕之雅楊桓之博張有之精吳才老通其音讀黃公紹泝其源委若鄭樵則師心妄

駭戴侗則肆手影撰又字學之不幸也元猶有熊朋來趙古則窺班得脩擷英尋實何物周伯溫者聞見既陋經術不通類撼樹之蜉蝣似篆沙之蝸蚓字學之重不幸又十倍於戴與鄭矣今日此學景廢響絕談性命者不過勦程朱之落魄工文辭者止於拾史漢之贅牙示以形聲孳乳質以蒼雅林統反不若秦時刀筆之吏漢代奇觚之童而何以望古人之宮墻哉按此段

引駁甚精足爲字學開一堂奥

○○楚王元佐自廢

楚王元佐太宗之長子廷美死元佐亦旋以狂疾廢嗚呼太伯之讓其跡隱季札之讓其慮深元佐此舉可謂追跡千古豈眞狂也太宗之殘忍刻薄到此寧不可爲之警省耶

○天書之典倣遼俗

宋澶淵既盟封禪事作祥瑞沓臻天書屢降一國

君臣如病狂然何也及讀遼史乃知其意契丹之俗其主稱天其后稱地一歲祭天不知其幾獵而手接飛鴈鴈自投地皆稱爲天賜祭告而誇耀之意者宋之諸臣因知契丹之習又見其君有猒兵之意遂進神道設教之言欲假是以動敵人之聽聞庶幾足以潛消其窺伺之志與然不脩本以制敵又效尤焉詐亦末矣其後徽宗嘗諷道籙院言朕乃上帝元子在天爲神霄玉清王長生大帝君

惻中華被金狄之教懇請於上帝降人世爲人主令天下歸於正道於是群臣與道籙院上章冊帝爲教主道君未幾女貞起自夷狄建號大金蕩覆中華斯言若爲之先兆也

○古章奏皆手書

宋時百官奏章皆手自書進賈學士昌朝爲諫官有所條奏仁宗識其手書每嘉賞之吾人凡在仕籍無不工書者故一切章奏皆手書之非惟得敬

君之體且機密事亦不至宣洩取敗今人多不能書故不得不倩於書史耳但古人章疏未必全用楷書而行草間見今古帖中尚有載者

○梁灝謝啟之譌

陳正敏遯齋閒覽梁灝八十二歲雍熙二年狀元及第其謝啟云白首窮經少伏生之八歲青雲得路多太公之二年後終秘書監卒年九十餘此語既著士大夫亦以爲口實予以國史考之梁公字

太素雍熙二年廷試甲科景德元年以翰林學士知開封府暴疾卒年四十二子固亦進士甲科至直史館卒年三十二史臣謂梁方當委遇中塗夭謝又云梁之秀中道而摧明白如此遯齋之妄不待攻也

○○寇準天書由王旦

寇萊公以朱能天書復相議者迄今惜之按史準罷相以節度山南東道巡檢朱能挾內侍都知周

懷政爲天書上以問王旦旦曰始不信天書者準也今天書降準所當令準上之準從上其書因此復入中書觀此則夫左右其事借公以取信于天下者旦之本謀也天書之事旦不惜以其身爲之至是乃薄餌公以利而壹分公以謗嗚呼是誠何心哉始準固不欲其壻王曙者與周懷政善因力勸成之然此等事豈宜委諸于壻哉準入相後士論譁然有門生曰某有三策第一莫若稱疾求外補

第二朝覲日便以乾祐之事露誠上奏必救公生平第三不過爲宰相耳公不從至有瀚康之譖、噫和仲曰公不聽門生之三策而敗於其婿之告訐豈所謂利令智昏者耶王文正譏關與美珠之遺若出一轍君臣之間不啻有市心矣

王欽若遺善

宋史眞宗初即位王欽若時與孫𠇗同位三司請赦天下宿逋自五代至咸平眞宗從之遣使四

出、蠲宿逋一千餘萬、釋係囚三千餘人、由是邇之甚異、不久入相、仁宗繼立、推廣先志、亟改追欠司爲蠲納司、此事世知之者鮮、當表出之、亦憎而知其善也

○○丁謂長者言

丁崖州雖險詐、然亦有長者言、眞宗常怒一朝士、再三語之、丁輒退縮不答、上作色曰、如此叵耐、問輒不應、丁進曰、雷霆之下、臣更加一言、則虀粉矣

眞宗欣然嘉納、

○寇萊公奢儉不同

寇萊公寢處一清幃二十餘年時有破壞益命補葺或以公孫弘事靳之公曰彼詐我誠雖弊何憂然知鄧州時製花蠟燭不點油燈罷官日廁溷間燭淚在地往往成堆何此奢而彼儉也青幃之弊豈眞異於弘耶

○○夏竦不値一文

夏竦嘗統師西伐，揭榜塞上云，有得趙元昊頭者，賞錢五百萬貫，爵西平王。元昊使人入市賣箔，陝西倚之食肆外，食訖，佯遺去。至晚，肆間人得之，展視箔端，物乃元昊購竦之榜也。云有得夏竦頭者，賞錢兩貫。竦聞之，遽令藏掩。余謂夏虜雖狡，尚是寬政，若悉竦奸狀，則一文不值者，兩貫懸賞猶多也。

○夏竦剖棺之報

夏竦之死也任宗將往澆奠吳奎言於上曰夏竦多詐今亦死矣任宗憮然至其家澆奠畢躊躇久之命大闔去竦面幂而視之世謂剖棺之與去面幂其爲人主疑一也

○○龐籍隱德

龐丞相籍以使相判太原時司馬溫公適倅幷州一日被檄巡邊溫公因便宜命諸將築堡於窮邊而不以聞既西羌攻敗我師破其堡殺一副將朝

廷深訝龐公擅輿詩書不已遂落使相以觀文殿學士罷歸龐公素重溫公之賢然竟不自明溫公遂獲免妙哉龐公直不易得也狄青之征儂賊亦賴龐公爲內主乃得成功嗚呼今不可得矣國朝王青溪之於陽明其庶幾乎

○○韓范事業

韓魏公閱古堂記幅巾坐嘯悟然終日予之所樂惡有旣乎魏公功業之偉觀此可得其大槩矣范

文正公特舉中庸以示張子厚斯時濂洛之學尚
未興也豪傑作用豈無所本而然耶

○○麥舟非范希文父子所難

范堯夫以麥舟助喪乃石曼卿耳公父子盛德此
非其所難石曼卿天下士也狀貌岸偉文采氣誼
豪一世所交如歐文忠張文節皆奇之特落落當
其意者無幾人故嘗爲大理丞而貧不能葬母文
正父子見之自然傾舟相助何足爲范公重如曼

卿之貧乃可重也郭元振家送資錢四十萬會有縗服叩門者自言五世未葬盡數與之況范公父子耶況曼卿又爲公東吳故舊耶歐陽作文正墓志銘石曼卿墓表皆不載麥舟事以知公之盛德不專在此正如小說載雲長公秉燭達旦使其事即真亦烏足以槩雲長大節耶

○○范仲淹先見

宋景祐寶元閒范仲淹建議城洛陽呂夷簡謂契

丹畏壯侮怯遽城洛陽必長虜勢宜建都大名示將親征以伐其謀仲淹言此可張虛聲耳未足恃也夷簡遷不從而罷夫當國家全盛之勢預爲徙城備敵之謀庸夫且知其不可何待夷簡亦豈知轉盼未百餘年有金狄之禍乎夫偏安南服孰與宅天下之中也聖人稱百世可知畧於泰誓露一班焉千古以爲口實況一卜此者乎惜哉仲淹有前知之哲而衆弗果用也

○○韓范不識奇士

慶曆間華州有張吳二士人累舉不中第落魄不得志負氣倜儻有縱橫材嘗遊塞上觀山川有經畧西鄙意欲謁韓范二帥恥自屈乃刻詩石上使人拽之市而笑其後二帥召見之躊躇未用間巴走西夏二人自念不力出奇無以動其聽乃自更其名即其都門之酒家劇飲終日引筆書壁曰張元吳昊來飲此樓邏者見之知非其國人也迹其

所懲執之夏酋詰以入國問諱之義二人大言曰姓尚不理會乃理會名邪時曩霄未更名且用中國賜姓也於是竦然異之曰尊寵用事謀抗朝廷連兵者十餘年

○○新舊唐書優劣

唐書五代劉昫所脩也因宋祁歐陽脩重脩唐書遂有新舊唐書之名舊唐書人罕傳未知其優劣近南園張公漫錄中載其數處以舊書證新書之

謬良快人意如姚崇十事此大關鍵而舊書所傳問答具備首尾照映千年之下猶如面語新書所載則剪截晦澁事既失實文又不通良可慨也歐爲宋一代文人而劉在五代文名遠不逮歐其所著頓絶如此宋人徒欲以誇當代不知後世耳目其可盡誣乎

○○朱温不宜入正統

歐陽子作五代史自謂不失春秋之意然獨謂帝

朱溫非是夫三代以來世有簒者然皆不成爲國亦不成爲君是故窮之簒也羿浞相繼二十年而少康滅之莽帝十八年而世祖滅之玄帝一年而劉裕滅之其滅也無論脩短俱以伏誅書溫父子相繼十六年即爲莊宗所滅特與羿浞莽玄相上下當時宜直書朱友珪弒朱溫唐兵入梁朱友貞自殺敬翔李振伏誅豈不足以爲勸于天下而乃使無將之賊得擅帝制於千載則是春秋反爲誨

盜之書又烏在其爲春秋也然則繼唐統者斷斷乎在于莊宗應于唐之後書後唐以別其族類而并晉漢周稱爲四代史而以溫事附之前唐之末後唐之初若莽在兩漢之際玄在晉宋之間庶幾統緒分明其關於大義不更多哉

○五代史韓通無傳

子瞻問歐陽公曰五代史可傳後也乎公曰脩於此竊有善善惡惡之志坡公曰韓通無傳惡得爲

善善惡惡公默然通周臣也陳橋兵變通擐甲誓師出抗而死

○五代史不公

司馬温公通鑑載吳越王錢弘佐年十四即位温恭好書禮士問倉吏今蓄積幾何曰十年王曰軍食足矣可以寬吾民乃命復其境内稅三年歐陽永叔五代史乃云錢氏自武穆王鏐常重斂以事奢僭下至魚雞卵鷇以家至日取每笞一人以責

其負則諸案吏各持簿於庭凡一簿所負唱其多少量爲笞數笞已則以次唱而笞之少者猶積數十多者百餘人不堪其苦歐陽史司馬鑑所載不同可疑也胡致堂曰司馬氏記弘佐復稅之事五代史不載歐陽修記錢氏重斂之虐通鑑不取其虛實有證矣按宋代別記載歐陽永叔爲推官時暱一妓爲錢惟演所持永叔恨之後作五代史乃誣其祖以重斂民怨之事若然則挾私怨於褒貶

之間何異於魏收輩耶

○宋時史氏顯達

左丘廢史遷辱班掾縲中郎獄陳壽放范曄戮魏收剖崔浩族甚矣唐以前史氏之厄也退之避而弗承其有餘畏哉而不知後之爲唐爲宋者若祁及脩顯特甚矣然歐公五代史旣已統緒失當而子京之疾霆蔽聰何足當班馬一噓豈文章偶有不幸亦世代使然也

○○曾子固詩才

曾南豐有錢塘上元夜祥符寺燕席詩云月明如晝露華濃錦帳名郎笑語同金地夜寒消美酒玉人春困倚東風紅雲燈火浮滄海碧水樓臺浸遠空白髮蹉跎歡意少強顏猶入少年叢昔人謂曾子固不能詩學者不察隨聲附和謬矣

○○雷簡夫知蘇明允

蘇明允閉戶讀書通六經旁及百家下筆頃刻數

千言人無知者知明允自簡夫始簡夫爲雅州上韓忠獻公書曰不獲搢版約袂傳致蘇洵文於几格間以郤公之視聽也上張文定公書曰洵天下奇才今人欲糜珠虀玉躬執匕箸飫其腹中恐他饋傷之上歐陽文忠公書曰必若知洵不以告人則簡夫爲有罪觀此三書則三公之知洵實由簡夫而簡夫知人之明好士之量視三公又何如耶傳不録録其治渠築砦數事而已尚論古人者其

可忽諸、

○溫公體貼人情

司馬溫公爲相、每詢士大夫私計足否、人怪而問之、公曰、儻衣食不足、安肯爲朝廷而輕去就耶、袁了凡公有云、學問到透徹處、其言語都近情、不執定道理以律人、若公者、庶可語此矣、後來程朱一派、則全無此等意思、

○溫公行巳之度

温公資治通鑑稿雖數百卷顛倒塗抹訖無一字作草其行己之度蓋如此按說苑公扈子曰春秋國之鑑也宋神宗賜名本此

○○温公爲歷代書而不及周威王之前亦是闕典劉恕爲通鑑外紀自周共和元年庚申至威烈王二十一年丁丑四百三十八年見於外紀自威烈王一十三年戊寅至周顯德六年己未一千三百六十二年載于通鑑然後一千八百年

興廢大事坦然可明

○綱目正秦統

秦享國三十六年因杜牧阿房賦而不考其實也秦自嬴姓二十六年庚辰盡滅六國稱始皇帝至其沙丘之死爲辛卯僅十二年胡亥子嬰共三年甲午秦亡則一統之日十五年爾杜牧文人辭賦之語不足多較司馬公作通鑑乃於滅周之歲遽以正統書秦滅周惟恐其晚帝秦惟恐其遲豈春

秋正統之義哉、朱子綱目悉改之、所謂統正於下、
而人事定矣、

○通鑑省文之謬

晉書云、初玄石圖有牛繼馬後、故宣帝深忌牛氏、遂爲二榼、共一口、以貯酒、帝先飲其佳者、而以毒酒鴆其將牛金、而恭王妃夏侯氏竟通小吏牛氏、而生元帝、今通鑑省其文、竟云通小吏牛金而生元帝、牛金既枉了一死、又負穢名、可笑甚、又元

楊紫陽讀通鑑至論漢魏正閏大不平之因作詩云欲起温公問書法武侯入寇寇誰家後因朱子綱目改正而止

○○殺之三宥之三出處

東坡刑賞忠厚之至論云殺之三宥之三歐陽公問其出處東坡曰想當然耳甞觀曲禮云公族無宫刑獄成有司讞於公公曰宥之有司又曰在辟公又曰宥之有司又曰在辟及三宥不對走出致

刑於甸人乃知東坡之論原有所本想王司偶忘之而東坡不敢輒拈出處以對故漫應如此後人遂以公爲趂筆則又陋甚矣

○○赤壁考

坡公赤壁之遊千古樂事二賦亦千古絕調也袁石公云前賦爲禪法道理所障如老學究着深衣通體是板後賦直平叙去有無量光景只似人家小集偶爾飣餖歡笑自發比特地排當者其樂十

倍至末一段即子瞻亦不知其所以妙語言道絕默契而已數語洵定評也靖康初韓子蒼知黃州頗訪東坡遺跡常登赤壁所謂棲鶻之危巢者不復存矣惆悵作詩而歸然黃之赤壁土人云本赤鼻磯也故東坡長短句有故壘西邊人道是三國周郎赤壁則亦是傳疑而云也今岳陽之下嘉魚之上有烏林赤壁蓋公瑾自武昌列艦風帆便順泝流而上遇戰於赤壁之間也杜牧有寄岳州李

使君詩云爲林芳草遠赤壁健帆開此則眞敗魏軍之地也

○赤壁賦盈虛者如代代字多誤作彼字而吾與子之所共食食字多誤作樂字嘗見東坡手寫本皆作代字食如食邑之食猶言享也洗盞更酌更字作平聲讀亦見東坡手蹟

○二疏贊誤

東坡二疏贊云孝宣中興以法馭人殺蓋韓楊蓋

三良臣、先生憐之、振袂脫屣、使知區區不足驕士、其立意亦超卓矣、然考之二疏去位在元康三年、後二年、蓋寬饒誅、又三年韓延壽誅、又二年、楊惲誅、方二疏去時、三人尚無恙也、凡作議論文字須令覈實無差忒乃可、

千百年眼卷第九終

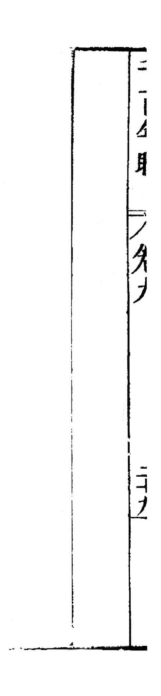

二百年眼卷第十

瀟湘張　燧和仲纂

嘉魚方弘緒貞卿閱

○○坡公遠識

蘇子瞻論周之東遷也極言平王之失策且歷舉春秋以來遷都弱國者爲戒纖毫不漏而於晉之王導惓惓致意焉曾未數十年而其應若響與江左偏安者千古一轍也異哉特表而出之見坡公

遠識非拈弄筆墨者所可幾也

○坡公學長生

東坡議論諫諍眞所謂殺身成仁者意其視死生眞旦夜爾何足動其毫末而欲學長生不死則愚劣所不敢知也黄魯直云東坡平生好道術聞輒行之但不能久又棄去則知坡公不過借是以文寂寞如佛家所謂口舌上功果耳固非溺志於此也

夏君憲曰長生學亦好殺身亦無礙于長生也

○老泉是子瞻號

世傳老蘇號老泉長公號東坡而葉少藴燕語云子瞻謫黃州因其所居之地號東坡居士晩又號老泉山人以眉山先塋有老人泉故云又梅聖俞有老人泉詩東坡自註家有老人泉因作此詩坡嘗有東坡居士老泉山人八字共一印見於卷冊間其所畫竹或用老泉居士朱文印章則老泉又

是子瞻號矣歐陽公作老蘇墓志但言人號老蘇而不言其所自號亦可疑者豈此號涉一老字而後人遂加其父耶葉蘇同時當不謬也

○蘇文之僞

韓退之作毛穎傳此本南朝俳諧文驢九錫鷄九錫之類而小變之耳俳諧文雖出於戲實以譏切當世封爵之濫而退之所致意亦正在中書君老不任事今不中書等數語不徒作也文章最忌祖

襲此體但可一試之耳。下邳侯傳，世已疑非退之作，而後世乃因緣換倣不已。司空圖作容成侯傳，其後又有松滋侯傳、近歲溫陶君、黃甘、綠吉、江瑤柱、萬石君傳，紛然不勝其多。至有託之蘇子瞻者，妄庸之徒遂爭信之。子瞻豈若是之陋耶？中間惟杜仲一傳，雜藥名爲之，其製差異，或以爲子瞻在黃州時，出奇以戲客，而不以自名。葉石林嘗問蘇氏諸子，亦以爲非是。然此非玩侮游衍，有餘於文

者不能爲也、

○○蘇文頓以不廢

宣和間申禁東坡文字甚嚴有士人竊携坡集出城爲閽者所獲執送有司見集後有一詩云文星落處天地泣此老已亡吾道窮才力謾超生仲達功名猶忌死姚崇人間便覺無清氣海內何曾識古風平日萬篇誰愛惜六丁收拾上瑶宮京尹義其人乃陰縱之、

○宋儒談天

邵堯夫曰天何依依乎地地何附附乎天天地何依附自相依附自斯言出朱子遂有天殼之說夫自古論天文者宣夜周髀渾天之書并石落下閎之流皆未嘗言非不言也實不知也莊子云六合之外聖人存而不論此乃切要之言孰謂莊子爲虛無異端乎故天之行聖人以曆紀之天之象聖人以器驗之天之數聖人以筭窮之天之理聖人

以易究之天之所闕人無術以知之今不曰不知而曰不言是何好勝之甚也東坡有詩曰不識廬山眞面目只緣身在此山中蓋處於物之外方能見物吾人不出天地之外何以知天地之眞也

○○溫泉寒火

邵康節曰世有溫泉無寒火昭德晁氏解曰陰能順陽而陽不能順陰也水爲火爨則沸而熱物火爲水沃則滅矣今湯泉往往有之如驪山尉氏騶

谷溪水、黄山、傍迹、匡廬、閩中等處，皆表表在人耳目。或謂温泉之下必有硫黄礬石故耳，獨未見所謂寒火。按西京雜記載董仲舒曰：水極陰而有温泉，火至陽而有涼燄。抱朴子云：水性純冷而有温谷之湯泉，火體宜熾而有蕭丘之寒燄。然則火寒亦有之矣，特以耳目所未及，故以為無耳。海水以杖擊之，火星勃然；腐草化而為螢，光可照物，非寒火乎。

〇八字可定介甫

劉元城云介甫不可動者八字虛名實行強辨堅志當時天下之論以介甫不作執政爲屈此虛名也平生行止無一點涴者雖欲誣之人主信乎此實行也議論人主之前貫穿經史今古不可窮詰故曰強辨前世大臣欲任意行一事或可以生死禍福恐之得回此老實不可以此動故曰堅志因此八字此法所以行也

○○介甫寡助

王安石行新法，引用小人，一時賢者非之，皆遭貶斥。其弟安禮、安國及姪旊字元鈞、斿字元龍，皆不以爲是，可謂寡助之至矣。而安石不反己自省也。元祐中，安國貶死，旊及斿亦坐貶遠方。所謂爲法自斃，以不愛而及其所愛乎。

○○均輸之害

均輸之說始於桑弘羊，均輸之事備於劉晏，蓋以其陰籠商販之利潛制輕重之權未嘗廣置官屬峻立刑法爲抑勒禁制之舉廹其磨以歲月則國富而民不知所以史記唐書皆亟稱之以爲後之言利者莫及今甫志於興利苟慕前史均輸之名張官置吏廢財勞人而卒無所成誤矣至於市易則假周官泉府之名襲王莽五均之跡而下行黙商豪家貿易稱貸之事其所爲又遠出桑劉之下卒使物價騰踴商賈怨讟而孳孳五年之間所得

予本蓋未嘗相稱也然則是豈得爲善言利乎桑劉有知寧不笑人地下

○○青苗之害

周禮一書經制甚備乃後世行之必至於厲民而階亂王莽之王田市易王介甫之清苗均輸是也然介甫所行變常平而爲青苗常平者糴糶之法青苗者賒貸之法也按左傳鄭饑子皮以子展之命餼國人粟戶一鍾宋饑司城子罕請於平公出

公粟以貸使大夫皆貸宋無饑人齊陳氏以家量貸而以公量收則春秋之時固也有官民賒貸之事矣又何必誘于泉府之舊而且謂周禮爲不足信耶然在春秋三國行之謂之善政以爲美談而至於介甫則弊端百出諸賢極力爭之不置蓋法制之瑣碎煩密者可行於封建之時而不可行於郡縣之後勢固然也介甫不察時宜不恤人言而又假手惠卿之輩宜其事勢決裂至此極也故必

知時適變之儒而後可語通經學古之事也

○○元祐諸賢無定見

元祐初溫公入相諸賢議革新法不能須臾然既曰罷青苗錢復行常平倉法矣未幾而復有再給散出息之令而其建請乃出於范忠宣雖曰溫公在告不預知然公其時有奏乞禁抑配奏中且明及四月二十六日敕令給錢斛之說則非全不預知也後以臺諫交章論列舍人蘇軾不肯書黃始

悟而不復行耳至於役法則諸賢之是熙寧而主雇募者居其半故差雇二者之法雖然並行免役六色之錢仍復徵取然則諸賢徒知欲革新法而青苗助役之是非可否胷中全未有灼見在宜熙豐之黨後來得以爲辭也然熙寧之行青苗也既有三分之息提舉司復以多散爲功遂立各郡定額而有抑配之弊其行助役也既取二分之寬剩而復徵頭子錢民間輸錢日多而雇人給直日損

務至寬剩積壓此其極弊也至紹聖國論一變群
奸唾掌而起於紹述故事宜不遺餘力然攷其施
行之條畫則青苗取息止於一分且不立定額抑
配人戶助役錢寬剩亦不得過一分而蠲減先於
下五等人戶則聚斂之意反不如熈豐之甚矣觀
元祐之再行青苗復徵六色役錢寬剩皆止於一
分則知言利之名雖小人亦欲少避之要之以常
平之儲貴發賤斂以賑凶饑廣蓄儲其出入以粟

而不以金且不取息亦可以懲常平積滯不散侵移他用之弊則青苗未嘗不可行以坊場撲買之利及量徵六色助役之錢以貢顧役所徵不及下戶不取寬剩亦可以免當役者費用破家之苦則助役未嘗不可行介甫狠愎不能熟議緩行而當時諸賢又以決不可行之說激之群憸因得以行其附會媒進之計推波助瀾無所不至故其征利毒民又出後來童蔡諸人之上矣惜哉

○○畢仲游格言

畢仲游奏記司馬以爲人主行新法者事也而欲興作患不足者情也苟未能杜其情而徒欲禁其事前所用事者必操不足之情言不足之事以動上意雖致石人而聽之猶將動也爲今之策當大舉天下之計明出入之數使天子曉然知天下之餘於財則不足之論不得陳於前矣光得書聳然夫神宗大有爲之資也以爲必如是而後可以富

中國故王呂之說行誠若畢仲游之言其心不攻自破矣惜溫公之未盡用也

○介甫裁抑宗室

王安石在熙寧間裁減宗室恩數三學宗子鬨聚都下俟安石入朝擁馬以訴安石徐下馬從容言曰譬如祖宗功德服盡而祧何況賢輩於是宗子皆散雖荊公一時應變之辭然其言不可廢也

○介甫廢禮經

周官儀禮爲聖人之遺經而禮記四十九篇則漢戴勝馬融所作即儀禮之傳疏也宋熙寧間王安石經義罷周官儀禮而專禮記朱晦翁恠其廢經用傳請修三禮而未及成書至我朝功令亦置周官儀禮而獨存禮記一科終不能改熙寧之舊

○○經義取士之弊

科目之設士趨所向宋科目有明經有進士明經即今經義之謂也進士則兼以詩賦當時二科並

行而進士得人爲盛名臣將相皆是焉出蓋明經雖近實而士之拙朴者率爲之謂之學究詩賦雖近於浮豔然必博觀泛取出入經史百家非士之高明者不能自安石爲相黜詩賦崇經學科場專以經義論策取士然士專一經白首莫究其餘經史付之度外謂非己事其學誠專其識日隘其才日下是獨存當時明經一科而進士之科遂廢矣安石有言初意驅學究爲進士不意驅進士爲學

究亦自悔之也由此觀之一得一失已自瞭然老成之士何苦過爲嘵嘵也

○宋樂屢變無成

宋之樂雖屢變然景祐之樂李照主之太常歌工病其太濁歌不成聲私賂鑄工使減銅齊而聲稍清歌乃叶而照卒不知元豐之樂楊傑主之欲廢舊鍾樂工不平一夕易之而傑亦不知崇寧之樂魏漢津主之欲請帝中指寸爲律徑圍爲容盛其

後止用中指寸不用徑圍且制罷不能成劑量工人但隨律調之大率有非漢津之本說者而漢津亦不知然則學士大夫之說卒不能勝工師之說是樂制雖曰屢變而元未嘗變也蓋樂者器也聲也非徒以資議論而已今訂正雖詳而鏗鏘不協韻辨析雖可聽而考擊不成聲則亦何取焉

○○王介甫冥貶

王介甫先封舒公後改封荊詩曰戎狄是膺荊舒

是懲識者謂宰相不學之過張和仲曰京卞諸姦所以媚附介甫者至矣封至眞王祀至配享豈吝此片字之褒乎況荆舒二語章章詩傳也或者彼蒼謂介甫濫竽巳極留此一線必存餼羊耳

○章惇有功於長沙

章惇曾開梅山有詩一篇專誦其利而濟北晁無咎賦詩則言不必開蓋因章惇小人專其事爲清議所不與耳然梅山地爲今長沙府之安化縣五

寨自熙寧至今永無蠻獠之患則惇之此舉不為無當也不然長沙之害豈減於廣西之徭獞哉

○章惇雷州之報

蘇子由謫雷州不許占官舍遂僦民屋章子厚又以為強奪民居下本州追民究治以僦劵甚明乃已不一二年子厚謫雷州亦問舍於民民曰前蘇公來為章丞相幾破我家今不可也殘刻之報不爽如是然則小人之害君子適以自害耳

○○李泰伯非不喜孟子

小說家載李泰伯不喜孟子事非也泰伯未嘗不喜孟也何以知之曰考其集知之丙始論引仁政必自經界始明堂制引明堂王者之堂刑禁論引瞽叟殺人舜竊負而逃富國策引楊氏爲我墨氏兼愛潛書引萬取千焉千取百焉廣潛書引男女居室人之大倫省欲論引文王以民力爲臺爲沼而民歡樂之本仁論引以至仁伐不仁遷平集庶

以子思孟軻並稱，送嚴介序，稱章子得罪於父，出妻屏子，而孟子禮貌之，常語孟子儉於百里之制又詳說之，由是言之，泰伯蓋深於孟子者也，其古詩示兒云，退當事奇偉，夙駕追雄軻，則尊之亦至矣，按此語出楊升菴，可謂確見，胡元瑞極辨，且援余隱之朱元晦語為解，夫不信泰伯之盱江集，而力持余朱二子之議，橫坐泰伯以不喜孟子，則其無根亦甚矣

○○張商英無佛論

張商英少年負奇氣尤不信佛嘗於招提覩金剛般若喟然曰豈胡書而反與於六經乎歸著無佛論達曉不成一字妻曰公平日爲文援筆不加點伸紙萬言今作何文其苦乃爾張相曰吾欲作無佛論妻曰既已無矣何論之有張大悟深悔前事究心內典自謂得其旨張和仲曰今之未窺藩籬而妄加排議者惜無如商英之妻從旁下一轉語

○教主之號不祥

宋朝廢后入道謂之教主郭后曰金庭教主孟后曰華陽教主其實乃一師號耳政和後羣黃冠乃敢上道君尊號曰教主不祥甚矣孟后在瑤華宮遂去教主之稱以避尊號吁可怪也

○宋禮儒臣

宋之君崇禮儒臣其一眞宗臨楊礪之喪降輦步

弔壺其清介也其二富弼母卒仁宗爲罷春宴二事雖三代令主不能過其後徽宗之待蔡京王黼南宋之待秦檜侂胄似道恩禮倍此然前之則如蕩子之交狎客後之則如弱主之畏豪奴書之祇辱青史豈曰榮遇美事乎

○童貫爲眞太師

童貫爲太師用廣南龔澄樞故事林靈素爲金門羽客用閩王昶譚紫霄故事嗚呼異哉然澄樞爲

內太師猶稍與外庭異童貫眞爲太師領樞密院振古所無

○蔡京奸狀

謝任伯在西掖草蔡京謫散官制其數京之罪曰列聖詒謀之憲度掃蕩無餘一時異議之忠賢耕鋤略盡四語可作京一小傳京懷姦固位屢被逐而不去王黼切忌之百方欲其去乃取旨遣童貫偕其子攸往取表京以攸被詔至乃置酒留貫

攸亦預焉京以事出不意一時失措酒行自陳曰京衰老宜去而不忍遽乞身者以上恩未報此二公所知也時左右聞京併呼其子爲公莫不竊笑嗚呼以若人而擅台席者久且專何怪虜騎之南牧也

○葉石林朴長厚

葉石林出蔡元長門下所著有避暑錄中間紀蔡元長事多稱爲魯公而不名此雖近於私然亦見

古人用心忠厚有始終處今之失足權門自甘廝養者一遇其敗輒反戈攻之冀文其醜其又石林之罪人哉

○○楊龜山論朋黨

宋欽宗時京黼既敗言者攻之不遺餘力至欲盡逐其黨楊時上疏曰今舊出權輔之門者不問賢否一切廢罷京黼秉政垂二十年天下之士不仕則已其仕於朝者必皆其薦引也若盡指以爲黨

而逐之是將空國無人矣此言果行恐縉紳之禍未有已時而國之安危未可知也龜山此論偏甚洵哉有用之道學也陳庸公曰黨之一字豈論於宰相當路之時不宜太分別於宰相捐印之後

○○种師道策虜有見

姚平仲謀劫虜寨欽廟以詢种彝叔彝叔持不可甚堅及平仲敗彝叔乃請速再擊之曰今必勝矣或問平仲之舉為虜所笑柰何再出彝叔曰此所

以必勝也。夔叔可謂知兵矣。然朝廷方上下震懼，無能用者，哀哉！肅王之不可輔也。

○龜山不輕解易

吳審律勸龜山解易，荅曰：易難解，如乾坤兩卦，聖人嘗釋其義於後，是解易之法也。初九潛龍勿用，釋云：陽在下也。又曰：龍德而隱者也。又曰：下也。又曰：陽氣潛藏。又曰：隱而未見，行而未成。此一爻耳，反覆推明至五變，其說然後已。今人於他卦，能如是推明乎若不能則一爻之義只可用之一事易三百八十四爻爻指一事是其用止三百八十四事而已易之理果極於此乎若三百八十四事不足以盡之則一爻之用不止一事明矣觀聖人於繫辭發明卦義尚多其說果如今之解易者乎嘗謂說易須髣髴聖人之意然後可以下筆此其所未敢苟也

○譙定易學

涪陵譙定少學佛後學易於郭曩氏自見乃謂之象一語入鄉北山有岩遊詠其中涪人名曰讀易洞屢薦不受官靖康時在洛金兵入不知所在大哉易之爲道也用其緒餘猶能使陽陰不能賊六氣不能殺而况兵刃禍難乎文王箕子深於易者也商辛雖暴其若之何此譙定居京師所以金兵入而不知所在也吾因是而知東方郭璞其學淺矣

○○中興十策

建炎中大駕駐維陽康伯可上中興十策一請皇帝設壇與羣臣六軍縞素戎服以必兩宮之歸二請移蹕關中治兵積粟號召兩河爲雪恥討東南不足立事三請畧去常制爲馬上治用漢故事選天下英俊日侍左右以謀天下利病通達外情四請河北未陷州郡朝廷不復置吏詔土人自相推擇各保鄉社以兩軍屯要害爲聲援滑州置留府

通接號令五請刪內侍百司州縣冗員文書務簡
實以省財便事六請大赦與民更始前事一切不
問不限文武不次登用以收人心七請北人避胡
挈郡邑南來以從吾君者其首領皆豪傑當待之
以將帥不可指爲盜賊八請增損保甲之法團結
山東京東西兩淮之民以備不虞尤請講求漢唐
漕運江淮道塗置使以餽關中十請許天下直言
便宜州郡即日繳奏置籍親覽以廣豪傑進用之

路時宰相汪黃輩不能用也按十策中深切時務鑿鑿多可行者宋室之不競也宜哉後秦檜當國伯可乃因緣爲臺郎値慈寧歸養兩宮燕樂伯可專應制爲歌詞諛豔粉飾世以比柳耆卿輩傷哉羅果綸恨伯可之改節余獨痛伯可之遭時不幸有才而不獲售也孝宗時有辛棄疾者進美芹十論亦可觀

○按伯可在高宗朝以詩章應制與左璫狎適膚

思殿有徽祖御畫扇繪特爲卓絕上時持玩流涕以起羹牆之悲璫偶下直竊攜至家而康適來留之燕飲漫出以示康給璫入取發核輒泚筆几間書一絕於上曰玉輦宸游事已空尚餘奎藻繪春風年年花鳥無窮恨盡在蒼梧夕照中璫出見之大恐而康已醉無可奈何明日叩頭請死上大怒亟取視之天威頓霽張和仲曰觀此足知伯可本懷矣高宗果有爲之主扇頭

二十八字不賢於中興十策耶亦何嫌於謏豐粉飾也羅維累綸此論枉却三寸竹管子矣

○朱勝非善處苗劉

苗劉之亂正彥有挾乘輿南走之謀傳不從朝廷微聞而憂之幸其速去其屬張逵爲畫計使請鐵券既朝辭遂造堂袖劄以懷朱勝非曰上多二君忠義此必不吝顧吏取筆判奏行給賜令所屬檢詳故事如法製造不得住滯二凶大喜是夕遂引

遁無復譁者時建炎三年四月己酉也明日將朝郎官傅宿扣漏院白急速事命延之入傅曰昨得堂帖給賜二將鐵券此非常之典今可行乎勝非取所持帖顧執政秉燭同閱忽顧問曰檢詳故事曾檢得否曰無可檢又問如法製造其法如何曰不知又曰如此可給乎執政皆笑傅亦笑曰已得之矣遂退勝非此舉其調奸護駕良有足多者故能使張韓諸將竭力倡義以收勤王之績也紛紛

局外之議何足憑

○宋高宗不欲恢復

宋高宗恢復不堅者忌徽欽北歸勢必軋己也按朝野遺記云宋和議成顯仁后（徽宗妃韋氏）將還欽宗挽其裾曰汝歸與九弟言之吾南歸但爲太乙宫主足矣他無望於九哥也（高宗第九）后不能却爲之誓曰吾先歸苟不來迎瞽吾目乃升車旣歸朝所見大異不敢復言不久后失明募醫療者莫效有道

士應募入宮金針一撥左翳脫然復明后喜求終治其右道士笑曰一目視物足矣彼一目存誓言可也后惕然起拜曰師聖人也知吾之隱設几而留謝之皆不荅纔啜茶遽索去后詢其報德讓曰太后不相忘遂修靈泉縣朱仙觀足矣拂衣出時上方視朝徒下急跡訪之不得觀此可知高宗之猜忌矣又考欽宗在虜宋止遣巫伋一迎而不終請中閒帝與契丹耶律延禧同拘管於異府者三

年因于左院者兩年卒爲虜奴箭死馬足之下哀哉高宗恐於其親何太甚也

○○宋南渡兵餉所出

南宋偏安一隅且當金人括盡金幣之後倉庫貧窘里巷蕭條史傳嘗言諸處用兵每至幾十萬不知何從得許多兵兵既多又何從得許多餉也常考宋澤傳澤平湖東賊王善得衆七十萬車萬乘平楊進得兵三十萬平王再興李貴王大郎等又

得兵三萬而河東京西淮南河北之侵掠息矣共
筭宗公得賊兵凡一百三萬考韓世忠傳世忠平
[illegible]　復賊黨得兵萬餘平廣西賊曹成得兵八
萬平自面山賊劉忠又得兵萬餘而緇青閩廣河
南之侵掠息矣共筭韓公得兵凡十萬考岳飛傳
岳飛平武陵賊孔彥卅襄漢賊張用江淮賊李成
筠州賊馬進得兵八萬降嶺賊曹成得兵十餘萬
平吉賊得兵數千又平湖賊楊么得兵十萬餘而

江淮嶺表襄陽之侵掠息矣共籌岳公得兵凡二十八萬其他知二張劉琦等皆類是蓋南渡之後紀綱廢弛巨寇蠭起皆假團練勤王之名也聚草澤鈔刦蓄積所以宗韓岳諸公未及北伐唯專意招撫山砦江海之間豪傑響應故百萬之兵餉皆不煩經營措置而辦此所謂先手着也可見將得其人雖盜賊可用君不能御將雖以韓岳諸公之才無救于宋之尺寸徒使爲後人扼腕也

○○岳飛文章

昔晉文之拔郤縠孫權之擧呂蒙蓋欲其武而能文也岳飛本以勇敢進而旁通儒業其謝講和一表藹然有孔明之風高宗良馬對則淵淵乎有道之言也又嘗題詩鄱陽龍居寺有潭水寒生月松風夜帶秋之句直逼唐人佳境矣余屈指上下數千載間蓋唐有張睢陽合之武穆而二當亦間氣所鍾也

○○秦檜爲金人作間

方虜之以七事邀我也有母易首相之說正爲檜設洪忠宣自虜回戲謂檜曰撻辣郎君致意檜大根之厥後金人徙汴其臣張師顏者作南遷錄載孫大鼎疏備言遣檜間我以就和好於是檜之姦賊不臣其迹始彰彰矣

○○秦檜以悍婦絕後

鄧孺孝曰秦檜欺君誤國萬世罪人而有曾孫鉅

鉅子浚浚弟瀗以是知世世類不可限量人也鉅通判蘄州金人犯境與郡守李誠之協力捍禦求援於武昌安慶月餘兵不至城陷鉅與誠之各以見兵巷戰死傷畧盡歸署自焚而死浚先往四祖山兵至亟還與弟瀗殉父死孺孝此論可謂辨矣然孜之史檜無子立妻兄王㬇孽子爲後曰熺其孫曰塤皆王所自出則秦氏世絶於檜久矣嗚呼檜以奸臣亂人之國亡亦自以茹婦殄絶其家天道

乎。

○秦檜身後之報

秦檜建第于望仙橋，備極宏麗。其死也，値應天府開浚運河，取土堆府門。有人題詩云：「笑談便解興羅織，咫尺那知有照臨。」二語曲盡奸狀。檜墓在金陵江寧鎭，歲久榛蕪。成化乙巳秋八月，爲盜所發，獲貨貝以鉅萬計。盜被執，而司法者末減其罪，惡檜也。

○○王安石流禍與秦檜等

羅景綸曰、國家一統之業、其合而遂裂者、王安石之罪也、其裂而不復合者、秦檜之罪也、渡江以前、王安石之說、浸漬士大夫之肺腸、不可得而洗滌、渡江以後、秦檜之說、淪浹士大夫之骨髓、不可得而針砭、偉哉此論、使半山有靈、雖百喙難解于九原矣、

○張浚忌殺曲端

曲端鎮戎軍人長於兵略屢戰有聲張浚宣撫川陝以端有威聲承制拜端威武大將軍都統制知渭州軍士歡聲如雷婁室寇邠州曰端屢戰皆捷至白店原撒離曷乘高望之懼而號泣虜人目之爲啼哭郎君其爲敵所畏如此旣而浚欲大舉端力勸浚按兵以伺金人之弊浚不悅金犯環慶端遣吳玠拒之彭店原戰少衄端劾玠違節制時叅謀王庶亦與端有宿怨因共譖於浚浚大怒罷其

兵柄是年浚大舉軍至富平縣將戰仍僞立前軍
都統制曲端旗以懼之衆皆曰聞曲將軍已得罪
必給我也遂擁軍驟至軍遂大潰浚心愧其言而
欲慰人望乃下令以富平之役涇原軍出力最多
皆前帥曲端訓練有方遂復敘左武大夫欲復用
端玠懼端復起因與王庶力譖之浚入其說於是
徙端恭州置獄端既赴逮知必死仰天長吁指其
所乘戰馬鐵象云天不欲復中原乎惜哉泣數行

下左右皆泣至獄獄官進械坐之鐵籠熾火逼之殊極慘惡端渴甚求飲與之酒尤竅流血而死年四十二時建炎四年八月三日丁卯申時也陝西軍士皆流涕悵恨多叛去者浚尋得罪詔造復端宣州觀察使制曰頃失意於權臣卒下獄而讞死恩莫追於三宥人將贖以百身其後金歸河南之月又詔謚端壯閔制曰屬委任之非人致刑誅之横被典言及此流涕何追端爲涇原都統日有叔

為偏將戰敗誅之旣乃發喪祭之以文曰嗚呼斬副將者涇原都統制也祭叔者姪曲端也尚饗一軍畏服其紀律極嚴魏公嘗按視端軍端執撾以軍禮見傍無一人公異之謂欲點視端以所部五軍籍進公命點其一則於庭間驚縱一鴿以往而所點之軍隨至張為愕然旣而欲盡觀於是悉縱五鴿則五軍頃刻而集戈甲煥燦旗幟精明魏公雖面獎而心實忌之在蜀日嘗有詩云破碎江山

遜國名臣莫如鐵公鉉方鉉布政山東靖難師圍濟南甚急鉉率諸軍悉力防禦令軍民詐降開城門候

文皇入急下鐵板幾中比出戰令軍士噪罵

文皇窘大怒攻至秋七月不能克舍之南去宋參軍說鉉曰濟南天下之中北兵今南去其留守北平者類老弱且永平保定雖叛諸郡縣堅守者實多郭布政暈書生大參公能出奇兵陸行抵眞定

南朝諸將潰逸者稍稍收合不數日可至北平其間豪傑有聞義而起者大參公便宜署部號令招徠之北平可破也北平破北兵回顧家室必散歸徐沛間素稱驍勇大參公檄諸守臣倡集義勇候北兵歸合南兵征進者晝夜躡之大參公餉穀北平休養士馬迎其至擊之彼背腹受敵大難且夕平爪鉞欲固守濟南以牽制北兵不從竟致敗事惜哉

不足論何時重到渭南村一聲長嘯東風裏多少未歸人斷魂亦可見其志也至今尚論者咸稱其冤而四朝國史且罪端狠愎自用委曲爲魏公庇失其實矣信如所言則秦檜之殺岳飛亦不爲過或又比之孔明斬馬謖尤無謂眞筆之難也久矣惜哉

○○張浚遺誅

張浚素輕銳好名揮金如土視官爵如等閑士之

好功名富貴者無不趨其門且其子南軒以道學倡名父子爲當時宗主在朝顯官皆其門人悉自詭爲君子稍有指其非者則目之爲小人紹興元年谷關陝五路兵三十餘萬一旦盡覆朝廷無一人敢言其罪直至四年辛炳始言之亦不過落職福州居住而已淮西酈瓊之叛是時公論沸騰言路不得已遂竄其罪既而併逐言者於外及符離之敗國家平日所積兵財掃地無餘乃以殺傷相

等爲辭行賞轉官無虛日隆興初年大政事莫如符離之事而實録時政紀並無一字及之公論安在哉按此說出何氏備史每疑南軒大儒而以異疾死意甚冤之今乃得其解矣

千百年眼卷第十一

瀟湘 張燧和仲纂
石萬程軫如閱

○采石之戰有先備

虞允文之戰采石也以七千卒卻虜兵四十萬厥功偉矣忌者猶曰適然豈知公於紹興辛巳之前已因輪對面奏虜必叛盟兵必分五道正兵必出淮西奇兵必出海道宜令良將勁卒備此二境其

先事之識，已絕出衆人之表矣。及虜叛盟，上令從臣集議，公獨言虜兵必出淮，丞相善其言而未果行。及遣公勞師采石，事已大壞，公以書生收合亡卒，激厲諸將，施置於倉卒之餘，而破虜於俄頃之間，非忠誠素蓄于中，足以感人心，作士氣，未易成此偉績也。虜既敗去，公又令諜傳於瓜州，區畫悉定，乃徐請車駕還行都。此何等才識，而可以適然爲之乎？丘瓊山曰：古今水戰，采石比赤壁尤奇。且

雖用孫主將而允文書生也瑜握重兵而允文空拳也瑜有孔明爲椅角而允文隻手也可謂不易之論

○○按亮既至江北掠民船指麾欲濟允文伏舟於七寶山後令曰旗舉則出伺其半渡卓旗于山人在舟中踏車以行船但見船行而不見人虜以爲紙船也舟中忽發一霹靂礮蓋以紙爲之而實以石灰硫黃礮自空而下墜水中硫黃得

水而火自水跳出其聲如雷紙裂而石灰散爲烟霧眯其人馬之目咫尺不相見遂壓虜舟人馬皆溺此亦致勝之由也

○守唐鄧可以圖恢復

虞允文自采石歸鎮襄漢欲因唐鄧勝勢以牽制虜兵則隴右之師可以平取長安章奏凡十餘上且曰朝廷必欲割唐鄧以和臣即挂冠而去是歲六月孝宗受禪盡棄陝西新復州郡省劄以公知

夔州又割海泗唐鄧以和按允文乘石之勝陝西州郡盡復歸宋既城唐鄧而虜將蕭定遠以四千騎夜走沖矣唐鄧士民爭持牛酒拜馬前邯鄲之民健武者聚義兵千餘人邀殺其歸卒以待宋師而宋師不至遂遇害當時人心時勢如此若從允文之策恢復在指日矣蓋是時海陵無道遇弒而善將如兀术斡離不又皆亡比之武穆之勢難易倍懸而宋之君辱臣羞失此機會樓船載國胥沉

於海非不幸也自取也。

○中興戰功不紀武穆

宋乾道二年定中興十三處戰功張俊明州吳玠和尚原饒風嶺殺金平韓世忠大儀劉錡順昌張子蓋海州李寶海道邵宏淵正月浦橋虞允文采石李道光化次湖劉錡皂角林王宣汲靖確山凡十三而不及岳武穆蓋秦檜之黨猶存掩之也

○趙九齡遺功

宋紹興甲寅乙卯間劉麟導虜南侵時車駕駐平江有趙九齡者策士也請決淮西水以灌虜營朝廷不能用已而韓世忠得虜酋約戰書曰聞江南欲決淮西水以浸吾軍書到之明日虜實退師當時但以爲却敵之功殊不知九齡妙筭實陰庇之也○

○程朱論周官法度

程子曰必有關雎麟趾之意然後可以行周官之

法度朱子從而行之日須是自閨門衽席之微積之至薰蒸洋溢無一民一物之不被其化然後周官法度可行丘文莊曰如此竊恐天地混沌終無可行之日矣

○○程子靜坐之說類禪

程子見人靜坐便嘆其善學蓋陽闢禪而陰用之也孔門善學莫如顏子想其從夫子周流凡十餘年安得有一旬半月之暇用禪士蒲團工夫耶

顏子以仰鑽瞻忽求道，不言靜功；以欲從末由望道，不言情盡想竭；然則靜之一字，宋儒尚未夢見也。

○宋人損益經文

孔子修魯史，不肯增闕文；漢儒校羣經，未嘗去本字。宋人尚書則考訂武成，毛詩則盡去序說，吾未敢以爲然也。

○綱目之誤

綱目一書朱夫子擬經之作也然其間不能無誤而學者又從而爲之說今漫摭數事如北齊高緯以六月遊南苑從官暍死者六十人見本紀通鑑書曰賜死賜乃暍之訛耳綱目乃直書曰殺其從官六十人而不言其故其誤甚矣尹起莘乃爲之說曰此朱文公書法所寓且引孟子殺人以刃與政之說不知通鑑誤之於前綱目承之於後耳緯荒遊無時不避寒暑從官暍死者六十人據事直

書其罪自見何必曲爲之說耶又郭威弒二君綱目於隱帝書殺於湘陰王書弒尹又爲之說曰此二君有罪無罪之別此書法所寓也然均之弒君隱帝立巳數年湘陰未成乎君豈應書法倒置如此又通鑑云補闕喬知之有婢名碧玉美色善歌舞知之爲之不昏昏與婚古字通用蓋言知之惑溺此婢不娶正室也綱目去不字而云知之爲之昏蓋誤以婚姻之昏爲昏惑之昏也字義不明支

理不通矣如此類甚多姑舉其一二耳

○帝在房州之謬

春秋周襄王之出書天王居于狄泉天子以天下爲家故所在稱居宅其有之謂居魯昭公之出書公居于鄆鄆魯之邑也其後書公在乾侯乾侯乃晉地不得書居也綱目書帝在房州唐一統之地豈得以乾侯爲比當書帝居房州乃合春秋之法

○○朱陸異同

晦菴之與象山所爲學雖若不同其在孔門猶由賜之不同科也今晦菴之學天下之人也童而習之獨于象山則以其嘗與晦菴有言遂摭拾其唾餘且目之爲禪擯放廢斥使若碔砆之與美玉則豈不過甚矣乎夫晦菴折衷群儒之說以發明六經語孟之旨其嘉惠後學之心固何可議而象山辯義利之分立大本求放心其簡易精實斬截枝

蔓使學者開卷了然其功寧可盡誣乎嘗閲包顯
道侍晦菴有學者因無極之辯貽書詆象山者晦
菴復其書云南渡以來八字着脚理會着實工夫
者惟某與陸子静二人而已某實敬其爲人老兄
未可以輕議也由此觀之晦菴亦未嘗有成心也
趙東山爲子静像贊有云儒者曰其學似禪佛者
曰我法無是趙然獨契本心以俟聖人百世知言
哉

○○吾儒異端

異端之說肇自論語當時固未嘗明有所指也迨孟子闢楊墨周程闢佛老後世遂指爲射的夫楊墨姑不具論孔子適周問禮於老聃尚有猶龍之嘆使與佛氏同時其贊或不止於此子貢曰仲尼焉不學其亦奚擇於二氏焉愚謂今日之病不在異而在假所謂假者儒心儒行已汨沒於名利場中而啟口落筆又俱能言聖人之道是所謂吾儒

之異端也陽明先生有云今世學者有能若墨氏之兼愛乎楊氏之爲我乎若老氏之清淨自守釋氏之究心性命者乎吾何以楊墨老釋之思哉彼于聖人之道異然猶有自得也而世之學者章繪句琢以誇俗詭心色取相飾以僞謂聖人之道勞苦無功非復人之所可爲而徒取辯於言詞之間自以爲若是亦足矣而聖人之學遂廢則今之大患者豈非記誦詞章之習而弊之所從來無亦言

之太詳析之太精者之過與居今之時而有學仁義求性命外記誦詞章而不爲者雖其陷於楊墨老釋之儒吾猶且以爲賢彼其心猶求以自得也夫求以自得而後可與之言學聖人之道噫必如陽明先生之說而吾儒之異端可祛也學者不此之病而切切焉惟彼之憂何其謬耶

○○夾雜道學

朱子答葉勉齋書曰前此學徒眞僞難辨今得此

鍛鍊一番夾雜者無所逃矣此蓋韓侂胄禁僞學之後朱子云云也可謂君子不黨由此觀之宋之道學夾雜者多朱子亦厭之又豈惟宋哉論語曰無爲小人儒卽夾雜也孔子亦厭之矣豈惟孔子厭之書曰象恭滔天堯舜亦厭之矣大抵有正色卽有間色正當辨其似是之非不可獲短匿瑕以相標榜也

○○儒語似佛

宋儒闢佛老者，自曰虛無之教。然觀之詩曰：無聲無臭。詩未嘗以無爲諱也。世亦有疑及無聲無臭者乎。易曰：無方無體。易未嘗以無爲諱也。世亦有疑及無方無體者乎。無意無必無固無我，卽論語又未嘗以無爲諱也。世亦有疑及無意無必無固無我者乎。又如曾子云：有若無，實若虛，則是爲道者政患不虛不無耳。世亦有疑及若無若虛者乎。使此數言者，不出于儒書而出于佛氏之口，人亦必

吹毛而求其疵矣

○○佛語通儒

性命之理孔子罕言之老子累言之釋氏則極言之孔子罕言待其人也故曰不憤不啟不悱不發中人以下不可以語上也然其微言不爲少矣第學者童習白紛翻成玩狎唐疏宋注錮我聰明以故鮮通其說者內典之多至於充棟大抵皆了義之談也古人謂闇室之一燈苦海之三老截疑網

之寶筏扶盲眼之金鎞故釋氏之典一通孔子之言立悟無二理也張商英曰吾學佛然後知儒誠爲篤論

○佛典輔儒教而行

或病佛離人倫去妻子與儒道異嘗發之曰佛雖令比丘辭親出家當其說法人天畢集比丘特其中一類耳夫釋迦旣示同比丘之迹金粟如來復現淨名身示同居士之迹正以表六親之不障道

也況佛度盡衆生反遺其眷屬必無此理其敕比丘出家所謂令先出生死而後隨順衆生入生死者也人道非稼圃不生而孔子鄙樊遲之請學非妻子不續而佛聽比丘之出家蓋必有不學稼圃者而後可以安天下之爲稼圃者亦必有不戀妻子者而後可以度天下之有妻子者今人無志於了性命而逆憂其乏妻子皆戲論也陳肅公曰西方之書其容包乎宗教易之髓也譯受書之法也

偈讃詩之叶也戒律禮之衛也果報春秋之賞罰
也甚矣佛氏之能輔經而行也其輔經者以輔世
也西方之書其容包乎然則佛藏之必後六經而
興者何噫祖龍生文字燼古今之聖言寥寥矣是
故垂漢明而竺乾之傳遂出今其多至六千餘卷
不列藏者尤不可勝計比之儒林之經史子集殆
將倍蓰過之何言之昌也天其或者以此補秦劫
之遺灰與乃命繕寫經目以示子孫俾俗儒之故

聞栽神聖之種智倘有毀大乘訾正法者姑語之曰一切諸佛其若古先輩視也一切諸經其若古異書視也則亦庶乎可以存而論論而議矣余按屠公之言委而風登之之言切而著並錄之以動異議者之皈依

○○陳同甫格言

陳同甫與朱子書略云因吾眼之偶開便以爲得不傳之絶學三三兩兩附耳而語有同告密畫界

而立。似結壇盡絶一世之人於門外。而謂二千
年之君子。皆盲眼不可照洗。二千年之天地日月。
若有若無。世界皆是利欲。亦過矣。數語敘次如畫。
聵翁頂門一針也。
○○傳註相沿之誤
古人未爲訓傳。子思孟軻欲發明論語。皆别自爲
書。中庸與七篇是也。道德經之有列莊。亦猶是也。
易之彖象繫辭。本不與經文相附。至王弼乃以合

之非其初矣爾雅之於詩彙聚而校釋之則眞傳矣至毛公傳詩孔安國傳書而傳注遂有定體名矣然是時意見各出不嫌矛盾專以明經爲主如詁疏家所稱先鄭者鄭衆也後鄭者鄭玄也觀周禮之注則先鄭與後鄭十異其五劉向注春秋主公羊劉歆主左氏故有父子異同之論由是觀之漢人說經雖天親父子不苟同也孔子以一貫傳道而曾子以忠恕說一貫曾子作大學而子思受

業曾子作中庸由是觀之聖賢師弟子亦不苟同也今之學者吾惑焉摭拾宋人之緒言不究古昔之妙論盡掃百家而歸之宋人又盡掃宋人而歸之朱子無惑乎其日趨於陋也

○大抵註書之法妙在隱隱躍躍若明若昧之間如詹尹之卜取意不取象行人之官受命不受辭龍不掛鈎龜不食墨懸解幽微斯之謂也故古之解經者訓其宗不解其意使人深思而自

得之漢儒尚然至於後世解者益明讀者益畧
麄心浮氣不務沉思譬之遇人於途見其肥瘠
短長而不知其心術行業也

○○朱子淺于說經

焦弱侯曰朱子觧經不謂無功但於聖賢大旨及
精微語輙恐其類禪而以他說解之是微言妙義
獨禪家所有而精粕糠粃乃儒家物也必不然矣
趙學士孟静復王敬所書云昔讀朱子私抄未嘗

不惜晦翁之不啻於言而勇於爭論也往讀有所
譏孟子略法先王而不知其統未嘗不駭其言也
及探道日久心稍有知然後知孟子之禽獸楊墨
其持論過嚴不暇深考未免如荀氏所譏至謂不
知其統則不敢以爲然何者統者道之宗也言之
所由出也立言而無其宗如瞽在途觸處成窒豈
宜以論孟氏也孟氏之宗持志養氣是也義卽子
思之中和也夫晦翁法孔孟法堯舜堯之授舜曰

執中而子思訓中爲喜怒哀樂之未發翁則以爲人自嬰兒以至老死無一息非已發其未發者特未嘗發耳其非子思之旨明矣至其末年乃嘆師門嘗以爲教顧已狃于訓詁文義而未及求至老年尚起望洋之嘆不知翁之姑爲是謙退耶抑所造實若此耶使所造實若此則翁所法孔子之統者何在夫晉鄙之未遇魏公子也猶三軍之主也及公子一旦奪符而鄙休矣故三軍從符而不從

將者也千聖之統一符也千古之聖賢一公子也千古智愚之心靈一三軍也翁之統一諸子者不能合符孔氏則雖評騭之工說彈之盡椎擊之便剥剔之精但服其口而不能服其心矣蓋自孔子沒大義已乖而微言絕紛紛好飲食而尠廉耻以詩書發冢者塞路矣故荀卿斥之爲賊而莊生欲齊物論也程邵大儒尚不之察乃去其論字直以莊生爲欲齊物如孟子稱物之不齊之物乃曰莊

生欲齊物而物物終不可齊嗟乎文義尚不知解況
肯會其意乎後之善談道術若莊生又莫過太史
公也太史公嘗論六家指要矣曰吾于道家取其
長焉耳吾于儒家取其長焉耳吾于墨家名家法
家陰陽家皆取其長焉已耳其短者吾將棄之已
耳所貴于折群言之衷者不當若此乎且學術之
歷今古譬之有國者三代以前如玉帛俱會之日
通天下之物濟天下之用而不必以地限也子無有

以後如加闢譏焉稍察理矣至宋之儒殆過羅整
防獨守谿域而不令相往來矣陳公甫嘗嘆宋儒
之太嚴惟其嚴也是成其陋也夫物不通方則國
窮學不通方則見陋且諸子如董楊以下蘇陸以
上姑不論翁法程張矣而不信程張尊楊謝矣而
力闢楊謝凡諸靈覺明悟通解妙達之論稍涉易
簡疎暢則動色不忍言恐墮于異端也昔項氏父
子起江東以尊號與楚心劉伯升兄弟起南陽以

尊號與更始皆授人以柄而後爭則久也出其下
矣晦翁之論以爲闢禪而不知其實尊禪也夫均
一人也其始可以學禪可以學儒也謂靈覺明妙
禪者所有而儒者所無可乎非靈覺明妙則滯窒
昏愚豈謂儒者必滯窒昏愚而後爲正學邪子思
曰惟天下聰明睿智足以有臨大傳曰古之聰明
睿智神武而不威是豈塵埃濁物昏沉鑽故紙而
已耶僕往日讀朱子書其論如此又欲因暇日披

覽抉摘取其合者爲一編別爲書以表白諸子凡
經朱氏掊擊者明其學之各有宗也附于莊生道
術之後以繼鄒魯縉紳之論以關涉頗大尔未必
能悉泰配止也

○余之錄此非敢爲朱子忠臣也見吾儒之堂奥
原自淵弘而傳註世界之外復有世界我輩須
大着眼可也若謂余樹好異之標則有趙吉甫靜
焦弱侯兩先生在

○○名教之累

李卓吾曰成大功者必不顧後患故功無不成商君之於秦吳起之於楚是已而儒者皆欲之不知天下之大功果可以顧後患之心成之乎否也顧後患者必不肯成天下之大功莊周之徒是已是以寧爲曳尾之龜而不肯受千金之幣寧爲濠上之樂而不肯任楚國之憂而儒者皆欲之於是乎又有居朝廷則憂其民處江湖則憂其君之論不

知天下事果可擇其名實俱利者而兼得之乎此無他名教累之也以故瞻前慮後左顧右盼自已既無一定之學術他日又安有必成之事功邪卓老此論甚快余考憂民憂君二語出范希文岳陽樓記在希文言之猶是情境相迫程朱以後遂據爲儒家鋪面出不成其出處不成其處正諺所謂騎兩頭馬者是也其誤學術事功不淺故録其說著於篇

〇〇宋儒不知諍君之義

高帝欲易太子張子房但能使太子安耳不必使帝之必去戚夫人也袁盎止慎夫人與后並坐亦不必使帝之必去慎夫人也蓋內閫燕私人臣之分自有不敢與者若果能使二帝去二夫人亦豈人臣之福乎孔子不止魯之女樂從不去齊之六變古聖賢自有深心而宋之儒者遇此等處輒以道德仁義之說繩其後不啻三尺一旦有滔天

之巨禍與積薪之隱憂不爲納約之牖而爲激水之石何怪其百投而一不效也

○韓侂胄内批之報

韓侂胄日夜謀去趙汝愚問計於劉弢弢曰惟有用臺諫耳侂胄問若何而可弢曰御筆批出是也侂胄然之遂内批拜給事中謝深甫爲中丞又内批以其黨劉德秀屬深甫爲御史由是劉三傑李沐等牽連以進排斥正士閏月内批罷朱熹矣十

二月又內批罷彭龜年矣二日史彌遠入對請誅侂胄皇后楊氏素怨侂胄因史彌遠懷中出御筆批云韓侂胄久握國柄輕啟兵端使南北生靈枉罹凶害可罷平章軍國事遂殛殺于玉津園王柟以韓侂胄與蘇師旦首至金金主環御應天門備黃麾立仗受之百官上表稱賀懸二首并畫像于通衢令百姓縱觀然後漆其首藏于軍器庫侂胄以內批斥逐人而終以內批自殺天道好還豈不

可畏哉

○歷代宦侍之禍

自秦以歷漢唐宋其所以滅亡之故俱出閹宦嘗試論之秦若無沙丘之詔安得有望夷之灾漢若無蕃武之戮安得有董卓之進唐若無甘露之變安得有白馬之禍宋若無滅遼之舉安得有二帝之行故劉項曹操朱溫阿骨打此滅秦代漢篡唐歷宋之人而趙高曹節王甫仇士良田令孜童貫

實啟之上下數千年敗亡如出一轍

○唐宋始祖之非

有天下者必推其祖以配天既立宗廟必推其祖爲太祖禮也於是後之有天下者莫不由此夫文王受命作周者也漢之高帝唐之神堯宋之藝祖庶乎其可擬矣曹孟德司馬仲達以下諸人逞其姦雄詐力取人之天下國家以遺其子孫上視文王奚啻瓦釜之與黃鍾然其爲肇造區夏光啟王

業事跡則同爲子孫者雖以之擬文王可也獨擬后稷之祖則歷代多未有以處於是或取之遥遥華胄如曹魏之祖帝舜宇文周之祖神農周武氏之祖文王是也此三聖人者其功德固可配天矣而非魏與二周之祖也是以當時議之後代哂之以爲不類至於唐既以神堯擬文王矣求其所以擬后稷者則屬之景帝宋既以藝祖擬文王矣求其所以擬后稷者則屬之僖祖夫景僖二帝雖唐

宋之始祖然其在當時則無功業之庸夫也上觀周室僅可比不窋之流而以后稷尊之過矣是以不特後世議其非而當時固諱然以爲不可蓋無以厭服人心故也於是獻議者始爲導諛附會之說以申之老聃姓適同乎唐乃推聃以爲始祖尊之曰玄元皇帝是蓋以玄元爲太祖擬周之后稷而其祖宗則俱爲昭穆矣至宋大中祥符間天書封禪之事競興推所謂司命保生天尊大帝以爲

聖神建立景靈宮是蓋以聖祖殿居中爲太祖太
周之后稷而祖宗則俱爲昭穆矣不知所謂聖祖
者果有功德之可稱如后稷譜系之可尋如稷之
於文武成康乎則不類更甚矣所以徒重後人之
檢點也

○宋興亡相類

宋祖以乙亥命曹翰取洱州後三百年乙亥呂師
夔以洱州降元以丙子受江南李煜降後三百年

丙子帝㬎爲元虜己卯滅漢混一天下後三百年己卯宋亡于厓山宋興於周顯德七年周恭帝方八歲亡於德祐元年少帝止四歲諱㬎顯德二字又同廟號亦曰恭帝周以幼主亡宋亦以幼主亡周有太后在上禪位於宋宋亦有太后在上歸附於元何其事事相符豈亦報應之說耶

○宋元亡徵

德祐元年元軍駐錢塘江沙上太皇太后祝曰潮

若有靈波濤大作三日朝汐不至迨至正壬辰癸巳間浙江潮不波其時彭和尚以妖術爲亂陷饒信杭徽等州未幾尅復又爲張九四所據浙西不復再爲元有宋元之亡皆以海潮不波亦奇矣

○○宋仁厚立國之報

宋少帝降元封瀛國公及世祖以公主配之一日與內宴酒酣立傍殿楹間世祖恍惚見龍爪拏攖狀時有獻謀除滅者世祖疑而未許瀛國公審知

之乃乞爲僧往吐蕃學佛法因挈后公主姬御遁居沙漠易名合尊長子亦爲僧名完普項之復誕一子時明宗爲周王亦遁居沙漠與少帝公主往來遂乞少帝子與其妻邁來的爲子長名妥懽帖睦爾即順帝也我

太祖北伐元后妃大臣俱被俘獲順帝之子愛猷識理達臘獨能遯去今其子孫世長沙漠亦天道好還之報而宋室仁厚立國宜其綿綿未斬也

○張千載高誼

張千載字毅甫廬陵人文山友也文山貴顯屢以官辟皆不就文山自廣還至吉州城下千載來見曰丞相赴京某亦往遂寓于文山因所側近日以美食奉之凡留燕三年潛造一櫝文山受刑後即藏其首仍尋訪文山妻歐陽夫人於俘虜中俾出火其屍千載拾骨寘囊并櫝南歸付其家葬之次日其子夢文山怒云繩鉅未斷其子心動毅然啟

視之果有繩束其髮衆服公英爽可畏而千載高誼亦千載而下所不多見也

○劉辰翁節行

廬陵劉辰翁會孟號須溪於唐人諸詩及宋蘇黃而下俱有批評三子口義世說新語史漢異同皆然士林服其賞鑒之精而不知其節行之高也元人張孟浩贈須溪詩云首陽餓夫甘一死叩馬何曾罪辛巳淵明頭上漉酒巾義熙以後爲全人蓋

宋亡之後須溪竟不出也

○鴈足書

鴈足傳書世傳爲蘇武事但武實未嘗以書縛鴈足蓋漢使者常惠托言耳元中統間有宣慰副使郝經充信使使宋宋留之眞州十六年不還有以鴈獻經者經畜之鴈見經輒鼓翼引吭似有所訴經感悟擇日率從者具香案北向拜昇鴈至前手書一詩于尺帛繫鴈足而縱之其詩曰霜落風高

恣所如歸期回首是春初上林天子援弓繳窮海纍臣有帛書書復書于左中統十五年九月一日放鴈獲者勿殺國信大使郝經書於眞州忠勇軍營新館虞人獲之以獻元主惻然曰四十騎留江南曾無一人鴈比乎遂進師南伐越二年宋亡此又效蘇武而爲之也然武留胡中十九年始還漢家不能爲武問罪於胡經留宋十六年始還而元主卒以此滅宋爲之一嘆

○許衡有江漢之思

許衡家於新鄭以金太和九年生固非宋人也遂顯於元伐宋之舉一時名公卿人受攻取之畧而公獨言惟當脩德以致賓服若以力取必戕兩國之生靈以決萬一之勝負蓋有江漢之思與丘文莊著論謂公不當仕元觀公之卒囑其子曰吾平生虛名所累竟不能辭官我死爾慎勿請謚勿立碑但書許某之墓四字使子孫識其處足矣則公

國自恨所遇之不幸也而或者罪公不力勸世祖以尼南伐之師嗚呼此何如舉動而責行止於一夫之緩頰耶亦甚寃矣

○元世獘政

元世祖之立國也貶孔子爲中賢第儒流於娼後國有大事華人仕於其朝者雖大臣不得與聞臺省正官非其族類則不任其賤士似秦始皇尊事沙門其名爲帝師者正衙朝會百官班列而帝師

專席於座隅與其君同受群臣朝賀帝后妃主皆受其戒所以敬禮之者無所不至其奉佛甚梁武帝蒙古之制凡攻城不降矢石一發得則屠之其殘忍過曹操命西僧楊璉眞珈伐故宋諸陵其貪暴倍項羽征日本則十萬之師棄於海島憤其敗衂復欲征之其窮兵不仁勝隋煬帝用奸臣阿合馬盧榮桒哥輩頭會箕斂以取於民遣使拓雲南金遣使往馬八國求奇寶責安南陳氏以金人代

身其黷貨等澳栢靈然則史謂其信用儒術愛養黎元皆溢語也士生斯世何不幸哉總之夷夏倒置亡是古來未有之變何論其他

○中華名士耻爲元虜用

勝國初欲盡殲華人得耶律楚材諫而止又欲除張王趙劉李五大姓楚材又諫止之然每每尊其種類而抑華人故修潔士多耻之流落無聊類以其才洩之歌曲妙絶古今如所傳天機餘錦陽春

白雪等集及琵琶西廂等記小傳如范張雞黍王粲登樓倩女離魂趙禮讓肥馬丹陽度任風子三氣張飛等曲俱稱絕唱有決意不仕者斷其右指雜居沽中人不能識又有高飛遠舉托之緇流者國初稍稍顯見金碧峰復見心諸人俱以瓌奇深自藏匿姚廣孝幼亦避亂隱齊河一招提爲行童古稱胡虜無百年之運天厭之矣

○郭守敬曆法

古曆大衍爲精一行和尚藏郄金針世徒專其鴛鴦譜耳于是守敬獨得一法曰弧矢圜竟如所謂横弧矢立弧矢赤道變爲黃道黃道變爲白道者最爲圓機活法自此黃赤白三道之畸零可究而氣朔之差可定此法不惟儒生不曉而三百年來曆官亦盡不曉矣今監中有一書頗秘名曰曆源者郭氏作法根本所謂弧矢圜術頗在焉試問之曆官亦樂家一啞鍾耳六藝之學昔人以爲數可

陳而義難知在今日曆家却是義可知而數難[illegible]蓋得其數而不通其義者有之矣若謂得其理而不得其數則施之實用既無下手處而并其所謂義者亦脫空影響非眞際也雖然今曆家自謂得其數矣而曆家相傳之數如曆經立成通軌云云者郭氏之下乘也死數也弧矢圜術云云者郭氏之上乘也活數也死數言語文字也活數則非言語文字也得其活數雖掀翻一部曆經不留一字

盡創新法亦可以不失郭氏之意得其死數則挨牆傍壁轉身一步倒矣近見一二儒者亦有意象數之學然不得其傳則往往以儒者範圍天地之虛談而欲蓋過疇人布算積分之實用亦過矣

○元人脩史之陋

史始於尚書春秋大抵皆一人之筆尚書雖雜出然而紀一事自一篇一篇自一人春秋則孔子特筆而門人一辭不能贊者矣春秋三傳各以其意

釋經而其事傳焉若國語若世本若戰國策皆一
家言自史記下廿七代之書亦皆一人成之唐書
雖文忠與景文共之然而卷帙互分兩美相合至
元修宋遼金三史此法壞矣原其所以由胡人在
位大臣寡學不欲中國之人擅其所長故不惟其
人惟其官不惟其實惟其名形跡之拘忌義例之
蒙昧於是乎不復有史矣嗚呼元所壞者宋一代
史猶之可也而其法遂使嗣代襲用之今日一代

之史可以一人成不以爲駭則以爲狂矣其貽害於中國禍於斯文者可重爲嘅也

千百年眼卷十一終

瀟湘　張　燧和仲纂
　　　夏　楷君憲閱

○○御製尚書二解

高皇帝嘗問郡臣七政左旋然否侍臣仍以朱熹新說對、

上曰朕自起兵迄今未嘗不置步覽焉可徇儒生常談因命禮部試右侍郎張智學士劉三吾改正

書傳會選劉示天下學子曰前元科舉尚書專以蔡沈傳爲主考其天文一節已自差謬謂日月隨天而左旋今仰觀乾象甚爲不然何以見之當天清風爽之時指一宿爲主使太陰居列宿之西一丈許盡一夜則太陰過而東矣蓋列宿附天舍次而不動者太陰過東則其右旋明矣又如洪範內惟天陰騭下民相協厥居蔡氏俱以天言不知陰騭乃天之事相協厥居乃人君之事若如蔡說則

相恊厥居皆付之天而君但安安自若奉天勤民之政略不相與又豈天佑下民作君作師之意哉皇皇聖訓不獨高光却步卽唐文皇視此退舍遠矣

○○聖祖待滁陽王之厚

高岱曰我聖祖之駐滁和爲取金陵計耳蓋金陵非大衆未易克而衆非滁和豈能久集故略定遠以集衆據

滁和以俟時、乃居濠城、不能展尺寸、及出濠、至定遠、帥有衆數萬、駐滁陽、鬱鬱不自得、辭滁而和、則能大振軍威、乃知蛟龍雖不能不藉雲雨、而騰躍變化、終不可受制於人、使漢高不遣入關、光武不遣徇河北、則亦更始懷王之牙將耳、然則郭元帥雖有翼植之恩、而我

聖祖所以報之亦至、又以其所自創之滁陽、奉立爲王、帥此豈人所易能哉、王祀滁陽廟、食百世、更

始懷王未之有也、

○○金陵形勢

李舜臣曰、江東之地、首起西陵、尾接東海、其兵之犀銳、足以破秦兵於鉅鹿、其財之富厚、足以復唐祚於靈武、自吳以下、國于江東者凡六朝、周瑜有赤壁之勝、祖逖有譙城之勝、褚裒有彭城之勝、桓溫有灞上之勝、謝玄有淝水之勝、劉裕有關中之勝、到彦之有淮南之勝、蕭衍有義陽之勝、陳慶有洛陽之勝吳明徹有淮南之勝此十人者皆起江東之師以取勝中原然終不能渡江而北定中原以一天下此非江東之地便於守而不便於攻蓋江東之人知有江東而不知有天下也使六朝君臣素有并吞之志先定規模於未勝之前而進乘機會於既勝之後則千騎萬乘起自江東而入中原蓋可以鞭撻四夷坐制六　　東土綿力蕩而不足以舉天下哉舜臣此論精矣今

國家定都燕薊勢若金甌然而密邇虜人咫尺胡馬蕭墻床第不無可虞當有道全勝虜則順指氣使如驅犬羊二或不戒戎立生心矣要使南北並重保障固而咽喉常通則今日之根本慮也

○陳遇今之子房

陳遇字中行金陵人博學有治才

太祖定金陵以御史秦元之薦即召見

上禮之甚稱先生而不名日侍幃幄坐久必賜宴

命厩馬送歸車駕凡三幸其第先生竭心攄悃所
獻替悉保國安民至計授翰林學士者再固辭嘗
奉密命至浙江還奏稱旨授禮部侍郎又固辭會
疾不欲煩以務但從容燕見談說經史古今成敗
而已有被譖者力爲解
上毎聽之欲官其子亦不受年七十二卒賜賻祭
加東園秘器眷待之隆群臣莫敢望噫陶弘景稱
張良古賢無比蓋自況也然梁武功業視漢高何

如而以子房自待耶李韓公劉誠意勲庸茂矣而不免於禍獨先生言行本朝而爵不得加其身功濟蒼生而史不得泄其謀豈直一時之馮翼哉謂今之子房可也

乙李善長之誣

李善長之功不敢望酇侯百一至以胡惟庸株累不良於死則近不情善長死之明年而御史解縉代虞部郎中王國用爲稱寃言善長與

陛下同心出萬死以取天下勳臣第一生封公死
封王男尚公主親戚拜官人臣之分已極富貴無
所復加而謂其欲佐胡惟庸則大謬不然使善長
佐胡惟庸成不過勳臣第一而已矣太師國公封
侯封王而已矣尚主納妃而已矣寧復有加于今
日且善長豈不知天下之不可倖求取天下於百
戰而艱危也哉而以衰倦之年身蹈之何也凡爲
此者必有深讐急變大不得已而後父子之間或

至相挾以與脫禍今善長之子祺備

陛下骨肉之親無纖芥之嫌何苦而忽爲此也疏

奏上亦不罪噫國用此疏誠辨矣善長之罪不在

於佐逆而病在不善自處漢祖大封功臣之日蕭

何乃三傑中人然亦只封文終侯未嘗敢與韓彭

埒也善長何人儼然而徑據於中山王之上乎或

者福過災生理固應爾

○○郭英遺功

元末僭竊雖多獨陳友諒兵力強大與我師鄱陽湖之戰相持晝夜勢不兩存矣時郭英子興兄弟侍

上側進火攻之策友諒勢迫啟窗視師英望見異常開弓射之箭貫其顱及睛而死至今人知友諒死於流矢不知郭所發也功臣錄中亦含糊不載而英亦不甚居功特爲表出之

○聖祖優容解縉

高皇帝網羅英、俊、智屈群策當時翊運元臣、親姻
善長貴如廣洋惟庸、近侍如安如濂如觀如素、雷
霆所擊、罔不震慴解縉以一少年、上庖西萬言、批
鱗逆心、罔所諱忌而
聖度優容、令其進學才難之歎猶可想見規模眞
弘遠矣、

○○取士良法

洪武十五年、

上謂尚書開濟曰秀才今徵致數千人宜嚴試受職濟等條議以經明行修爲一科工習文詞爲一科通曉四書爲一科人品俊秀爲一科言有條理爲一科曉達治道爲一科六科備者爲上三科已上爲中三科已下爲下不通一科者不在擢中上從之使國朝能盡其法而永用之又何患眞才之不得耶

○太監雲奇

丞相胡惟庸之變首發其謀者賜司禮太監雲奇也奇南海人時奇以內使守西華門去庸居第甚邇庸謀逆詭稱所居井湧醴泉邀上幸而伏甲以待奇偵得之走當蹕道勒上馬言狀氣鬱舌駃不能宣上恚甚左右撾箠亂下奇臂折猶奮指逆臣第上悟登西皇城樓瞰逆臣第中皆伏甲因亟發禁兵捕之而後召奇則氣絕矣詔贈奇內官監少監賜葬太平門北中山王墓之左有司歲時致祭

嘉靖中、守備高隆王藿等、復上其事、請于朝、特贈司禮監太監、加諭祭、必司空何孟春爲文紀之墓、及考國史、則謂惟庸以他事多不軌、故被戮、不及醴泉出邀上臨視事、又以醴泉出爲故里第石筍發井湧數尺、非丞相府也、云奇發逆謀功甚大、而史亦佚其名、何也、

○齊黃誤國

革除之變、雖

建文柔暗而秉國諸臣齊黃輩處置失策遂至如此然一時長慮碩畫如高巍輩固不少也巍之言曰國朝分封比之古制雖皆過當然
太祖聖意莫不欲其護中國而屏四夷今各處親王驕逸不法誠爲難處以臣愚見若賢如河間東平則下詔褒賞之其或驕逸不法如淮南濟北初犯則容之再犯則赦之三犯而不改然後合親王告太廟削其地而廢處之豈有不順服者哉噫巍

之言當矣不此之務而急以慘急不情之法一切行之致令周府坐廢湘府自焚何哉脣亡齒寒人人自危勢必有變乃

文皇舉兵兩月朝廷前後調兵不下五十餘萬一矢無獲尤原有靈不知齊黄輩如何自解免也

○楊本將才

本初爲太學生精遁法建文元年募才畧之士本應募兵部試授錦衣鎮撫時吳王撫軍觀兵及登

將臺見大水淼茫平階〻一軍不見本日此水遁也靖難師起本從李景隆將常持一鐵棒重三十斤臨陣馳突北軍披靡不敢前遂破之景隆忌本不上其功也約日出戰景隆竟擁兵不爲後繼本上疏劾景隆等四月進兵喪失兵馬無限

皇上責問乃歸罪羣下喪師失律者不可以不懲乞假臣爲大總兵用能官一員召募義勇招撫軍伍仍特命親王爲監軍疾馳燕師則可免生民于

塗炭奠宗社于泰山矣本既孤軍獨出遂被擒繫
北平獄後文皇攻濟南失利趙王奔還北平恐人
心動搖索本殺之
文皇大怒曰本有才畧予且欲用本柰何殺之嗚
呼使景隆不忌本則靖難之師何由卒成又使
文皇得以留本而用之其建功立業寧又可限量
耶
○宋參軍奇謀

○革除死難之多

自古國家易姓莫甚於宋元蓋以夷易華也然考之傳紀一時死義之臣如文信國謝疊山張陸數公之外指不多屈我

國朝革除雖南北交兵原叔侄相代乃當時死難不屈之臣上自宰輔下逮儒紳不具論而深山窮谷中往往有傭販自活禪寂自居者異哉此亘古所無也南京故老言建文乙卯庚辰間法網疏濶

道不拾遺有得鈔於衢者輒拂其塵土置高潔處以石鎮之而去一時士風朴質尚義若多其所漸靡者然也李卓吾曰建文但可謂能長養死難之人材而不可謂能長養輔弼之人材也使建文果能長養輔弼之人材則何難可死乎我成祖又安能成一統之大業乎

〇陳瑛重遜國諸臣之辜

靖難師起固天之所興乃一時事勢相激使然

責諸臣不得無罪也槩

成祖即位雖天威赫赫而方鐵諸公忿激漫罵不無推波助瀾然食君之祿自盡其心在方鐵輩死固其分節

成祖亦何嘗有竟日之雷霆哉最可恨者都御史陳瑛以讒抱怨遂厚遜國諸臣之毒窮治黨與多坐夷滅千載而下瑛之罪其可勝誅耶

○○方孝孺有後

方孝孺之被族也，尚書魏公澤時謫爲寧海典史，嘗捕方氏，悉力保護周旋，以故方氏有遺育。謝文肅公詩所謂孫枝一葉者，澤之力也。澤後過孝孺故居爲詩悲悼，有云：黃鳥向人空百囀，淸猿墮淚只三聲。至今讀之猶覺酸鼻。

○國朝名臣久任

國朝名臣久任，惟蹇義秉銓、夏原吉握利權，皆二十七年，黃福尚書兩京三十九年，而在交南者十

九年胡濙大宗伯三十二年周忱巡撫江南二十二年文經武緯各盡其長章程故在乃今又弗然矣

○○國朝相業

國朝文極六曹天造不論夏蹇經綸惘惘文皇北征全國是屬三楊熙績臺省坐臻太平所謂代天之相也

英廟之遇文達寄畫顯斷萬幾精覈局體一變成

化開三原河州買縣封丘居則岳屹動則雷擊大事斧斷小細海蓄帷幄佞幸請劍必殛僂見之者畏聞之者懾斯其人死生富貴足動之哉然較之天順以前則殊矣時與位不同邪委任權力殊耶弘治中華容洪洞鈞陽靈寶陽曲麗氏金陵安福咸稱名卿然志存納約行在精審苟濟其事小枉安焉局體又一變矣雖形迹罔暴義遵矯直亦運數然與

○○西楊薦賢

楊文貞薦達士類，多踐清華。然亦不拘其類，如都御史吳訥，其初黑窰匠也，以一文；五經博士陳嗣初，其初教學儒生也，以一詩。又嘗見崑山屈昉送行詩。一日崑山令羅永年以事上京，文貞問崑山有屈昉，令茫然慚媿而退。未幾有詔舉經明行修之士，昉應詔，除南海縣丞。前輩留心人物如此。李中書尚以不汲汲畜養人才為公詬病，蓋指當時

李賢王翺商輅彭時也然云汲汲者固自有在此蓋卑老深意嗚呼視今之竊祿蔽賢媢嫉以惡之了不知有求才爲國爲何事者又何如也

○綵綸簿

張汝弼䟦楊文貞與太和令吳景春書末云公晚年以子稷下詔獄故而居館閣政柄移于大璫遂爲厲階不可言尚未明指政柄爲何等也王公震澤長語曰舊聞陸公簡云内閣故有綵綸簿文貞

以子稷故欲媚王振以簿送司禮監余入內閣見藏累朝詔誥底本皆在非所謂絲綸簿乎不聞送入陸公之言不知何所從授天下皆傳之王公身遊館閣倘真有此事豈有不知者嘉靖初言路大開諫官言及是簿且言文淵閣印亦爲司禮監奪去請追還之

詔誥問印簿安在令言者自追之言者伏罪乃已夫政柄在人主信用何如耳豈係此一簿乎且宦

寺不當干政、祖宗訓誥可據者甚多而取此茫昧不根之說不學故也、

○翰林不肯撰元宵致詞

宋時御前內宴翰苑撰致語凡節撰帖子雖歐蘇曾王司馬范鎮皆爲之蓋張而不弛文武不能百日之蜡一日之澤聖人所制也成化中纂修仲昭莊檢討某不撰元宵詞又上疏論列以去或此

得名然自是而後內外隔絕毋有文字別開倖門有文華門仁智殿輩毋得美官甚至蠹政害人曷若仍舊之爲愈乎愚謂於麗語中寓規諫意如南唐李後主遊燕藩佑制詞云樓上春寒山四面桃李不須誇爛熳已失了春風一半意謂外多敵國而地日侵削也後主爲之罷宴塡詞如此何異諫書工執藝事以諫況翰苑本以文詞諷諫諸公毋乃未習聲律而託爲此耶

○項襄毅受誣

成化時滿四之叛朝野洶洶使其得志天下事未可知也項公忠不請濟師單騎降賊愛將楊虎貍既已離其腹心露宿原野者六十餘日躬冒矢石者二十餘戰竟獲醜獻馘殄平巨寇而止進一階較諸趙輔劉聚王越封拜如寄者不無功懋賞薄之疑矣議者猶指公妄殺千天和交章論奏可謂有天理人心乎馬援薏苡之謗鄧艾檻車之徵乎

古有今慨矣

○○王威寧御士

威寧伯越居常喜奢華自奉若諸侯王而其御軍恤下財往來若流水能畢豪傑不知所從入皆願爲之死軍行過陝西秦王賜宴奏伎越語王下官爲王吠犬久矣寧有以相酬者因盡乞其伎女歸一日大雪方坐地爐使諸伎抱琵琶捧觴侍而一千戶詷虜還郎召入與談虜事甚悉大喜曰寒矣

手金卮飲之復談則益喜命絃琵琶侑酒即併金卮予之已又談則又喜指倖中最姝麗者曰欲之乎以乞汝自是千戶所至輒爲效死力夜襲虜帳將至風暴起塵翳目衆惑欲歸一老卒前曰天贊我也去而風使虜不覺歸而卒遇虜人掠者還而我據上游皆是風也越不覺下馬拜功成推卒功以爲千戶

按越舉進士對策大庭忽有旋風起擷其策雲

表也而不見皆怪異之及秋而朝鮮貢使附載策來而曰其王方覲朝有旋風捲一物下者則進士卷也敢以聞

景帝閱姓名謂吏部曰識之此當任風憲弇州外史曰當越時天下咸貴其才至于今西北邊稱良將毋如越者楊一淸王瓊方之蔑如也然終越之世凡再起而竟不得復爵亦冤矣

○○王靖遠武畧

國朝禦武之臣王靖遠驥其傑出也王弇州謂靖遠材而欲武畧則優憾安得有大將之才如驥又得無欲如弇州言者而用之使之爲我禦虜征蠻以封侯乎然既無欲矣則雖封侯亦其所不欲者吾又安能使之捨棄性命以爲我征蠻禦虜而與其所不欲之侯封也說者又謂驥不當依附王振以立功名夫國家用人唯用其才今乃使有才者不得用卒自託於中貴人有援力者以自見又何

取於居要路者爲也我

朝文臣世爵今唯靖遠猶存足鏡天之報善矣

○○王振老僕

薛文清爲中貴王振同鄉振因欲起用之後以不肯附振振遂恨之因他事中以危法當刑門人皆奔走哭求文清神色自若會振有老僕是日大哭廚下振問何哭僕對曰聞今日薛夫子將刑故也振聞而意解遂得釋

○○于忠肅捍土木之變

土木之變郕王監國于謙慷慨泣奏曰虜得志挾我大駕勢必長驅而南今軍實武庫兵盡矣司馬宜急分道募兵及留漕卒自益司空宜併日而葺乘繕械九門要地宜令都督孫鏜衛穎雷通張軏等分守之都御史楊善給事中王竑等參焉凡兵皆出營外毋令避而示弱郭外之民皆徙入內安插毋令失所而貴通州倉欲守之或不能委以與

虜則可惜宜今官軍皆給一歲祿奉聽其自運仍以贏米爲之直虜所急者草諸廠宜亦聽軍稱力取之下盡則焚之毋以飽虜馬而是時石亨方坐繫楊洪亦以逗遛當譴謙惜其材勇請赦之與安遠侯柳溥爲大帥而身總其機宜進止不效則治臣之罪以謝天下上皆嘉納之噫如公此奏較之昔賢登壇草廬數語孰優劣也頃之虜旗薄都城公伏發敗之犬同參將許貴以款虜之說進公抗

言不可積因劾介胄之臣委靡退怯法當誅於是邊將人人言戰守虜不能挾重相恫喝始欲歸太上矣當

太上之迎復謙實有力焉而議者以公不諫易太子爲疑夫景帝之信讒謂其能禦圍非有布衣腹心素一不合則睽再違則去夫人主以私愛欲易太子雖留侯不能得之瀆惠而謙能得之景帝乎哉

○○楊善迎鑾之功

景泰時

太上皇在漠北楊善以單騎迎

鑾回京厥功偉矣李卓吾曰唯景泰絕無迎

太上皇之意是以

太上皇自不待迎而後至豈景泰君臣當時眞能

寓有意於無意之中而若是吊詭與則南宮不錮

太子不廢門不假奪矣惜哉乃也先反因之以好

來歸以戕害我兄弟君臣是眞爲有意而送之來歸也非果揚善之能也先爲巧而我爲拙也先爲主而我爲賓不亦太不如人矣乎雖然事勢至此社稷爲重君爲輕身又爲輕焉者也于忠肅之功千載不可誣也故論社稷功則于謙爲首論歸太上皇功則楊善爲最然則楊善其眞有意之人哉故能以無意得之

○○龔遂榮定迎鑾之禮

英廟自北還廷議迎鑾之禮未決會有投匿名帖者吏部尚書王公直云得之大學士高公穀家胡公濙欲以聞王公亦從之曰此所謂禮失而求諸野之意也既而支吾不果聞林公聰即疏言王直胡濙皆股肱大臣不當私言以壞政詔按之高云得之小隷隷云得之道路方逮繫間有千戶龔遂榮者遂自狀明之其帖大率言禮當從厚上即從之當時迎鑾大禮定于千夫長之片紙若龔遂榮

之與楊善可稱兩奇矣

○○達官杂耳

于公之被戮也徐有貞石亨實有力焉時曹吉祥麾下有達官指揮杂耳者以一觴酹其地而慟吉祥恚朴之明日復酹慟如故竟與都督陳逵收其尸瘞之夫憐才好德之念不在朝臣而在小卒下石孿亨之智豈不自夷虜而自卿相信人生品格有定也哉杂耳視昔之哭彭越尸者當勝百籌

○倭漆匠

天順間錦衣指揮門達權傾中外好陷害人同時袁指揮彬隨英廟北狩有護蹕功達恐其逼己乃捃摭彬私事以聞欲致於死上下達問拷訊苦楚莫能自白時有楊瑄者智謀士也爲彬訴不平奏達違條二十餘事奏入

上令達逮問瑄至神色不變佯若無所與者達歷詢其事皆曰不知且曰瑄賤工不識書字又與君

侯無怨何得有此望君侯屏去左右瞻以實告因告曰此內閣李賢所作教瞻投進瞻實不知達聞甚喜方飯至郎以酒肉賞之早朝達以其情奏

上命押諸大臣會問于午門前方引瞻至達向賢言前事賢驚詠瞻郎大言曰此達以酒肉賜瞻使瞻言如此昨庭中有某某見指斥所奏達二十餘條略無餘蘊達無詞押官與大臣錄詞以進

上命法官正達罪謫戍廣西死瞻得脫未復寵任

如故方逵之氣飈薰灼舉朝莫敢正言而睢以一藝人委轉其術去逵如縛雞然妙矣哉又何貴于講學問明道理而以嫉邪去惡爲君子者也

○劉忠宣事業

本朝得君之專莫如孝宗之於劉公大夏茂績不可彈述略疏其緊如治河之功重費輕也治邊餉之收市法也裁抑太監苗逵之延綏功也匿西洋王三保之故牘也處

置壯浪士帥曾麟之就閑也華御馬光禄之浮費也李東陽所謂與物無競臨事有爲八字得公之神矣惜造膝之語必有傳者令人追寄勿都俞之風惘惘神遊耳

○文正保全善類之功

逆瑾專權李文正在相位與之周旋踪跡頗露以此最爲士論所薄然文正當時隨緣相機多所匡救多所保全如柳號文臣崔璿等御道上遺匿名

文簿一卷，傳旨詰問諸司官二百餘員，遞送鎮撫司究問。文正皆有疏力救保全。時瑾毒焰方烈，若挺身與抗，徒禍身家，無益國事。毛髮委蛇巽婉，於中調停，裨益不淺，即狄仁傑之于武氏，温嶠之于王敦，事亦如此。當時王文恪與文正同在政府，有郤，頗極攻詆，殊非大臣休休之度。

○康海負屈

康海爲救李夢陽，與瑾周旋，遂掛清議，廢棄終身。

居家時頗以辭賦聲伎游乎酒人一當塗貴人弟
過之海親爲彈琵琶佐觴其人從容言曰入都與
家兄言而起子海即大怒舉琵琶擲之幾死康君
意氣磊落尤原可作願爲執鞭先是瑾以才名慕
海數謁之不與見祇以急人於難濡迹瑾門後人
不察所由來横加訕誚令義士負屈良爲楹緊
○○東君憲曰海既廢置游酒人間何繇而與貴人
之弟遇又親爲彈琵琶侑觴何意乎難乎免于

乞憐之疑矣若謂其放浪形骸寄賞介于酒人則呼牛呼馬一任之總不識也而舉琵琶擲之不已甚乎意其中猶津津乎有未忘者則吾不敢知

○錦衣衛之横

正德間朝官有罪輒命錦衣衛官校擒絷霍文敏上疏曰天下刑獄付三法司足矣錦衣衛復兼刑獄横撓之越介胄之職侵刀筆之權脱冠裳以就

鎖梏屈禮貌以　武夫朝列清班暮幽汙獄剛氣由此折盡或又暮脫汙獄朝立清班解下拘攣使披冠帶使武夫悍卒指之曰某也吾辱之矣某也吾將辱之矣小人遂無忌憚君子遂昧良心豪傑所以多山林之思變故所以少節槩之士也

○楊介甫父子相業文章

武皇南巡天下洶洶倖臣竊國柄已而崩於豹房禁從兵悉屬江彬楊公廷和密與太監張永謀除

太后請

旨誅彬先傳令散軍士各就賞所彬覺顧瞻無人遂就擒噫此何等功耶昔韓魏公以空頭勅安置任守忠議者迄今偉之公之視此其難不啻十倍而公之處此其功不當百倍於昔耶而或者議公賣友取容夫

世廟初入據古執禮公當其時可謂正直不阿卓然名世矣是豈賣友取容之人乎此市井之談愛

憎之只不待辯者獨大禮議起人皆是張桂而非公不知公只是未脫見聞窠臼耳若其一念唯恐陷主於非禮則精忠貫日可掬也故謂公之議有所未當則可謂公之心有一毫不忠則不可此趙文肅所以極力爲公表也公子慎以正德辛未及第第一亦以議禮不合謫戍滇中以死余蓋嘗評論之升菴博洽似張茂先詩文似廬陵眉山兩先生坎壈過漢之賈長沙而經術解悟直越宋之諸

衆而上之有升菴而當代之人物可與往哲爭衡奠矮人觀場徒謂先生爲博學人而一二崛強之老又且掇拾其後是皆不知先生又何足以爲先生重輕耶、

○○陽明爲理學中興

自朱元晦與希元諸公以名世儒宗無禅於宋之削弱然是談者疑儒者爲有體無用而誠意正心之學果不足以平天下自近代僞儒雜出聲價高

而品行日下於是舉世疑道學為賣平天冠而講習之門遂為藏拙之奥蓋自陽明先生出道德事功卓然振耀海內而元晦諸公藉以吐氣始知儒者之有益於人國也乃忌者顧轉而疑先生良知之學蓋先生功名昭揭無可指摘惟學術邪正未易銓測以是指斥則讒說易行媢心稱快爾於是謂公異端陸子靜之流嗟乎子靜豈異端乎以異端視子靜則游夏純于顏曾而思孟劣於雄況矣

余考先生集先生之封爵祀典俱以徐華亭相之力則華亭亦具眼者屠赤水極力詆其奸將毋姊婦之口與

○國朝三大功

李卓吾曰古之立大功者誠多有但未有旬日之間不待請兵請糧而即擒反者此唯陽明先生能之然古今亦未有失一朝廷即時有一朝廷若不見有朝廷爲胡虜所留者舉朝晏然三邊晏然大

同城不得入居庸城不得入即至通州城下亦如無有此則于少保之勳千載所不可誣也若英宗北狩楊善徒手片言單詞歡喜也先遂令也先即時遣人隨善護送上皇來歸以予觀之古唯厮養卒今僅有楊善耳吁以善視養卒則養卒又不足言矣此皆今古大功未易指屈則先生與于與楊又爲千古三大功臣焉者也

○○王胥溪識陽明

李卓吾曰：議者謂王瓊貪財好賄，睚眦中人。夫滿朝皆受宸濠賂，獨胥溪不貪宸濠之賂，而陰用王守仁，使居上流，以擒濠。明知守仁不以一錢與人，不與一面相識，而故委心用之，何也？彼不拒江彬者，欲以行彼志耳，是以能使守仁等諸大豪傑士得爲朝廷用也。當時若李充嗣之撫應天，喬宇輩之居南京，陳金等之節制兩廣，卒令宸濠旋起而旋

滅是誰之功乎嗚呼此唯可與智者道

○○盜賊有同惡

馬端肅公文升之賢過寇萊公十倍而焦芳之妬亦奚啻如丁謂聖朝寬大使芳得優游故土可謂天幸識者不無漏網之嫌焉嘉靖初大盜趙鐩亂河南剽至鈞州以文升家在捨弗攻攻破泌陽前太學士焦芳已跳匿燬其家發芳窖取其衣冠縛藁若人者而屠裂之曰恨不爲天下殺此賊可見

人心不死、即盜賊尚有同惡也、

○○梁文康却秦藩請邊地

梁文康公儲、相業既奇、而人品亦高、正德間、秦王請陝之邊地、以益封壤、嬖臣江彬朱寧及宦官張忠皆助爲之請、武皇帝詔與之、兵曹及科道各執奏不可、武皇帝曰、朕念親親與之、勿拒、大學士楊公當草制、曰、若遂草制、畀地秦藩、恐貽後虞、執不草制、則

忤
帝意遂引疾不視事大學士蔣公亦繼引疾
武皇震怒內臣督促公承命草制曰昔
太祖高皇帝著令曰此地不畀藩封非吝也念此土廣且饒藩封得之多畜士馬饒富而驕奸人誘爲不軌不利宗社今王請祈懇篤朕念親親其畀地於王王得地宜益謹毋收聚奸人毋多畜士馬聽狂人勸爲不軌震及邊方危我社稷是時雖欲

保全親親不可得已王其愼之毋忽、
武皇帝覽制駭曰若是其可虞其勿與同天之加
决於數詞僞矣哉
肅皇御極言官聯疏劾公假宸濠衛兵是爲故縱
反者請召置獄正罪如陸尚書完云公曰余唯致
仕去而已終不肯辯人曰是公大罪何所容辯公
終不辯而劾者不已久之乃知與宸濠衛兵者非
公實石齋楊公當制正德九年三月十五日之爲

也蓋舊例凡閣下當制擬旨人親署銜著筆跡故不得而誣也

○○永陵議禮是非

大禮之議肇於永嘉而席桂諸君子和之倫序昭然名義甚正自無可疑廷和上畏昭聖下畏人言力主濮議諸卿佐復畏廷和之排擊附和雷同莫敢牴牾其伏闕諸少年尚氣好名以附廷和者爲守正以附永嘉者爲干進互相標

榜毒盈縉紳皆當國者不善通融耳然以冲齡之
主而舉朝元老卿輔至二百餘臣皆喧呼慟哭卒
不少動、
聖孝天植神武獨斷萬古一　君而已、
○○林丘山史筆之重
汝陽林特立在館時閱武廟實錄且成惟迎立肅
廟等二事未决衆議紛然公奏記副總裁中峯董
公曰昨聞迎立一事或云由中或云内閣誅賊彬

或云由張永，或云由楊廷和，疑信之間，漫然亡據，史萬世是非之權衡，固不可以偏重。時竊意廷和以忤旨罷歸，永坐罪廢，今上方綜覈名實，書進之事必首登乙覽，恐將以永真有功，廷和真有罪，不待左右汲引排擯，而君子小人進退之機決矣。矧夫信以傳信，疑以傳疑，史臣體也。二者既未嘗親與其事，可信可疑，宜嚴其有關於治忽者，肅詐私一廷和哉。幸執事裁擇輕重之間，是非之權衡也。

公以白之總裁薦湖費公可之書進天子由是乃傾心任宰輔而宦寺之權輕矣前輩猶重史如此今信耳信口信手信胸臆尚安復有信史哉

○○經筵面奏

我朝經筵日講非徒辨析經史爲觀美也謂當旁及時務以臣不逮而近世面奏惟兩人嘉靖甲申修撰呂柟言五月十二日獻陵忌辰是日講筵君臣不宜華服己丑夏祭酒陸深言講官講章不

宜輔臣啟撮使得自盡其愚因以觀學術邪正出
未幾以論禮謫解州判官陞後亦謫延平同知

○我朝勝前代二十二事

謝鐸云我
太祖皇帝遠過於宋者有五事一攘克夷狄以收
復諸夏二肇基南服而統一天下三威加勝國而
鋒刃不交四躬自創業而臨御最久五申明
祖訓而家法最嚴陸文量又云本朝政體度越前

代者撫其大者數事如前代公主寡再爲擇賢今無之前代中官被寵與朝臣並任有以功封公者今中官有寵者賜袍帶有軍功者增其祿食而已前代府刺史皆有生殺之權今雖王公不敢擅殺人前代重臣得自辟任下僚今大臣有專權選官之律前代文廟聖賢皆用塑像本朝初建國學革去塑像皆用木主前代岳鎮海瀆皆有崇名美號今止以山水本名稱其神郡縣城隍及歷代忠臣

烈士後世謚美之稱俱令革去前代文武官皆得用妓令挾宿娼有禁甚至罷職不敘陳甫公曰更有十事前朝太學生皆上書吾朝獨生員不許陳民間利弊一也九鎮以制府文臣爲將天子自爲居守二也閣臣部寺之長與邊腹大帥外廷會推內廷不得專擅三也母后不稱制四也勳戚不干政五也皇子講官即宫坊寮采不立傅望苑不開天策府六也無菹醢七也不用黥剕劓閹割之刑

臣下敢有奏用此刑者，文武羣臣卽時劾奏，將犯人凌遲，全家處死。」也。京師有熱審，省直有減刑，非大吉典不輕赦，尤也。宋制臺省六品、諸司五品，一郊而任一人，兩制以上，一歲而任一人，子又任其孫，孫又任其子，任侄任甥，亦有之。今三品以上才得廕子入監，袱綺子弟不濫朝籍，十也。然則定鼎卜歷，尚可量哉。

○○國朝樂律不講

國朝文明之運夐出前古獨樂律一事置而不講顧議樂亦復不易必如師曠伶州鳩萬寶常王令言之徒其自得之妙豈有法之可傳者而後之君子乃欲強爲議論究律呂於黍之縱橫求正哇於聲之清濁或證之以殘鈌斷爛之簡編埋沒銷蝕之尺量而自謂得之何異刻舟覆蕉叩槃捫燭之爲乎

洪武中有山西都指揮郭敬鎡鐘以水晶食器

中斟酌損益以著擊之節合音調嘗聞教坊奏登降之樂愀然不樂或問之曰非爾所知當事者誠加意此事請開一樂律科安知無郭敬其人者出而應乎

○古今改元之誤

國家以改元爲重然歷世無窮美名有限遂有前後相複之嫌最可鄙者晉惠六同漢號二用吳號漢哀之太初晉元之建武魏孝武之永興唐肅宗

之上先皆自同一代之號乾德蜀號也因宮人鑑背而始知隆興僞號也因單布日錄而後見然其所當避者又不止重複一節而已也不可像謚法如康定靖康之類是也又不可犯古陵名如熙寧崇寧皆同劉宋陵名是也又不可襲夷狄宮名如宣和乃契丹宮門之名徽欽至彼入門見額而始悔是也是以當國改元者最宜博洽之士若永樂乃前涼張重華宋方臘及南唐賊張遇賢所僭年

號而正德亦西夏僭國年號隆慶係金虜宮名當時廷臣無一人記憶何也宋太祖謂宰相須用讀書人豈虛哉又當詳稽國運如宋改治平而說者謂火德不宜用水則我　朝土德不宜用木犯之者有耗損元氣之嫌又當審察國姓如周高祖姓宇文改元宣政當時以為宇文亡日是也亦當避忌國號如唐禧宗改元廣明而當時以為唐去其口而著黃家日月後果為黃巢所篡是也大率離

合之戲深微而難逃最宜熟察桓玄改元大亨議者以爲一人二月了果二月而乘輿反正于江陵梁豫章王棟武陵王紀皆改元天正說者謂二人一年止齊後主緯改元隆化以爲降𠙚隋煬帝改元大業以爲大苦未齊顯祖改元天保謂一大人只十果十年而終宋徽宗改宣和謂一家有二日果徽欽同爲帝欽宗改靖康謂立十二月果周歲而止文正爲一止前代如魏邵陵公之正始金虜

亮之正隆、梁、臨賀王之正平、魏高貴鄉公之正元、渤海王嵩隣之正曆、雷進之正法、皆非吉徵、本朝正統有北狩之變、正德盜賊滿天下、亦失考之故也、他若炎興應司馬氏之名、升平有不滿斗之讖、大足若數足、而則天改之、昌字乃二日而李泌議之、成字負戈、美者犬羊、亨爲子不成、而神宗避之、純熙旁作屯、而孝宗更之、雖國家隆替有數存乎其間、而建元議號、則不可不詳審也、

○○待宗藩之法

我朝宗藩自古未有若是其盛者萬曆二十二年上屬籍者已十六萬人今又二十年其生齒尚未知其數也偶閱倦游雜錄載唐元積行李從易宋丞制詞云劉氏子孫在屬籍者十餘萬人夫漢祖掃秦灰之燼我高祖驅胡羶之穢其功同也故能爾之盛亦相同乎然而祿廪之費多於百官而子孫之衆宮室不

能受無親疏之差無貴賤之等自生齒以上皆養於縣官長而爵之嫁娶喪葬無不仰給於上日引月長未有底止此亦事之所必至而恩之所必窮者也而當事者未聞所以處置之何也古者天子七廟七廟之外非有功德則迭毀春秋之祭不與莫貴於天子莫尊於天子之祖而廟不加於七何者恩之所不能及也何獨至於宗室而不然余聞三代之間公族有以親未絕而列於庶人者兩漢

之法帝之子爲王王之庶子猶有爲侯者自侯以降則庶子無復爵土蓋有去而爲民者有自爲民而復仕於朝者至唐宋亦然今宗室宜以親疎貴賤爲差以次出之使得從仕比於異姓擇其可用而試之以漸凡其秩祿之數遷敘之等黜陟之制與異姓均使其不才者不至於害民其賢者有以自効此亦目前救弊之術萬不可已者近日行人劉公宗周有定宗藩一疏中間經制甚可觀

○○理財急務

昔孔門三尺童子、羞稱管晏、而漢唐以來、俊傑比肩、將相接踵、卒未聞有一人過管晏何也、戰國時、有申不害韓非者、倡刑名之學、今天下學士大夫、爭唾罵之、而諸葛孔明王景略者、皆一世人豪、乃陰用其術、以成治安、故今天下、而有一管晏申韓乎、何憂不治、所謂世變江河、愈趨于下、信然矣、桑弘羊、孔僅、宇文融、楊炎、此數子者、非世所稱以其

法亂天下者乎乃後世爭用其法不寘我
國朝六典建官純用周制今司農所日夜講求百
執事所昕夕圖維者豈一一在維正之供哉如昔
桑孔輩所云鹽鐵舟車緡錢酒酤間架保馬保甲
免役諸傚法及入粟拜爵之事有能振刷而力行
之術必非今日匡時治國濟邊保民之第一議矣
而安在高聲大駡桑孔踵炎輩也
○○天生人才爲世用

劉靜修曰天生此一世人而一世事固能辦也蜀
南多毒而有金蛇白藥以治毒湖南多氣而有薑
橘茱萸以治氣魚鱉螺蜆治濕氣而生於水麝香
羚羊治石毒而生於山蓋不能有以勝彼之氣則
不能生於其氣之中而物之與是氣生者夫固必
史有用於是氣也猶朱子謂天將降亂必生弭亂
之人以擬其後以此觀之世固無無用之人固無
不可處之世也無論上古如我

朝土木之變則生于忠愍寧藩之變則生王文成有是病才有是藥有是亂才有是人世無乏才之世以通天達地之精神而輔之以拔十得五之法聑其庶幾乎

千百年眼卷十二終

ISBN 978-7-5010-6448-9
9 787501 064489 >
定價：300.00圓（全二册）